a psicanálise
escuta

a educação

Eliane Marta Teixeira Lopes
organizadora

a psicanálise escuta a educação

Eliane Marta Teixeira Lopes
João Batista de Mendonça Filho
Marcelo Ricardo Pereira
Margareth Diniz
Tânia Ferreira

2ª edição

Autêntica
Belo Horizonte
2001

Copyright © 1998 by Eliane Marta Teixeira lopes

CAPA
Cristiane Linhares
sobre quadro de René Magritte
(La Réponse Imprévue)

PROJETO GRÁFICO
Clarice Maia Scotti

REVISÃO
Rosa Maria Drumond Costa

---

p974 A psicanálise escuta a educação / Eliane Marta Teixeira Lopes, organizadora. — 2 ed. — Belo Horizonte : Autêntica, 2001.

224p. ; 21 cm.

ISBN 85-86583-03-0

Inclui bibliografia.
1. Psicologia educacional. 2. Psicanálise — Estudo e ensino. 3. Educação. I. Lopes, Eliane Marta Teixeira

CDD - 370.15

Catalogação na fonte do
Departamento Nacional do Livro

2001

Todos os direitos reservados pela Autêntica Editora.
Nenhuma parte desta publicação poderá ser reproduzida, seja por meios mecânicos, eletrônicos, seja via cópia xerográfica, sem a autorização prévia da editora.

Autêntica Editora
Rua Januária, 437 - Floresta
31110-060 – Belo Horizonte – MG
PABX: (55 31) 3423 3022
Televendas: 0800-2831322
www.autenticaeditora.com.br
e-mail: autentica@autenticaeditora.com.br

Sumário

Apresentação
Eliane Marta Teixeira Lopes 7

Introdução
Psicanálise e Educação
Célio Garcia 11

Da sagrada missão pedagógica
Eliane Marta Teixeira Lopes 35

Ensinar: do mal-entendido ao inesperado da transmissão
João Batista de Mendonça Filho 71

Freud e o ato do ensino
Tânia Ferreira 107

O relacional e seu avesso na ação do bom professor
Marcelo Ricardo Pereira 151

De que sofrem as mulheres-professoras?
Margareth Diniz 195

Apresentação

A Pós-Graduação em Educação da UFMG tem como marca, desde o início dos anos oitenta, a decidida escuta do que se passa na sociedade, na cultura, na escola; na relação entre os gêneros, classes sociais, raças, idades. Em momentos diferentes variaram os tons, os acentos, e a ênfase, posta aqui ou ali. É por essa razão que novas metodologias e novos campos de interlocução são abertos buscando responder a questões de que são portadores aqueles e aquelas que, se dispondo a enfrentar os ônus e os bônus de um Mestrado ou Doutorado, se tornam nossos alunos e nossas alunas.

Entre os anos de 1993 e 1996, o Programa recebeu quatro alunos com graduação em psicologia e formação em psicanálise, professores em diversos níveis e redes de ensino de Belo Horizonte, que trouxeram para dentro do Programa questões em torno das quais constituíram seus programas de estudo e suas dissertações.

Temos claro que a psicanálise é, neste fim de século, um saber à disposição daqueles que se interrogam do mal-estar, interrogam o mal-estar: na cultura, na civilização, de sermos homens e mulheres, de termos sido educados, de estarmos educando. Partilhar dessa interrogação, interessa à educação.

Mas, posso afirmar, não foi tarefa fácil, nem para os alunos, nem para a instituição. Esta, desconfiada de "modismos passageiros", incomodada pelo imaginário em torno da função *psi*, argüida em suas certezas; aqueles, surpresos todo o tempo por estarem em um campo e em uma instituição dos quais pouco sabiam, premidos pelo tempo e pela necessidade de produzir um trabalho rigoroso em dois campos de conhecimento e inteligível para ambos. Mas todos chegaram ao fim do seu trabalho, do qual este livro faz parte. A instituição cumpriu seu papel, propiciando as condições de realização do trabalho intelectual e apostando que, de dentro dela, alguma coisa nova seria produzida e dita; os alunos aceitando o desafio de, em curto prazo, transformar suas dissertações em artigos para esta coletânea. Respondemos assim, por um lado, aos requisitos das agências que dão suporte ao Programa, e, por outro lado, ao nosso desejo de comparecer no campo da educação e no campo da psicanálise com a nossa interpretação.

Na Pós-Graduação, em todas, em todos os lugares do mundo, existe uma função que se chama orientador/a e, pois que existe, fui/sou orientadora das dissertações que deram origem a esses artigos. Três delas já foram submetidas a bancas de avaliação e julgamento, compostas por professores do curso e de fora dele; todas elas foram aprovadas; todas elas receberam indicação para publicação.

Os artigos desta coletânea originaram-se das dissertações, de trabalhos de cursos e de discussões travadas em grupo com colegas e professores da Pós-Graduação. O que assino é resultado de cursos, discussões e pesquisas convergentes, levadas a cabo em diferentes momentos da minha trajetória na Universidade, inclusive o do concurso para Professora Titular, em 1991. De alguma forma, foi essa produção que abriu o espaço para a reflexão educação/psicanálise. Ao transformar tudo isso, cerne da vida acadêmica, em textos e livros, propomos e abrimo-nos ao debate mais amplo. Os autores assim se apresentam:

♦ *João Batista de Mendonça Filho* completou a graduação em Psicologia na PUC-MG em 1981; ingressou no Mestrado em 1993 e defendeu sua dissertação em outubro de 1996, intitulada "Ensinar: do mal-entendido ao inesperado da transmissão". Atualmente, é psicanalista e dá aulas no Curso de Psicologia da FCH-FUMEC.

♦ *Marcelo Ricardo Pereira* completou a graduação em Psicologia na PUC-MG, em 1990, e ingressou no Mestrado em 1996, onde está completando sua dissertação. Atualmente é clínico em psicanálise, vinculado à Escola Brasileira de Psicanálise e foi professor de Psicologia da Educação no curso de magistério.

♦ *Margareth Diniz* completou a graduação na PUC-MG em 1991. Ingressou no Mestrado em 1995 e, em setembro de 1997, defendeu sua dissertação intitulada "A Mulher-Professora em desvio de função por transtorno mental". Atualmente é psicanalista e professora da rede municipal de ensino e da UFMG.

♦ *Tânia Aparecida Ferreira* completou a graduação em Psicologia na PUC-MG, em 1985. Ingressou no Mestrado em 1995 e defendeu sua dissertação "Freud e o ato do ensino" em outubro de 1997. É psicanalista vinculada ao Aleph — psicanálise e transmissão, e professora do Departamento de Psicologia do Centro Universitário Newton Paiva.

♦ *Eliane Marta Teixeira Lopes* doutorou-se em Educação pela PUC-SP, em 1984, e fez pós-doutorado na École des hautes études en sciences sociales em Paris, em 1988. É professora Titular de história da educação e disciplinas afins na Graduação, Mestrado e Doutorado da FaE-UFMG.

Para a Introdução, o convite foi feito a Célio Garcia — psicanalista, professor da UFMG — pois, há muitos anos, dialoga com cada um de nós de diferentes maneiras. Através de seus textos, de supervisões, aulas, bancas, ou de uma amizade cúmplice como foi, e é, no meu caso. Aqui, comparece para darmos juntos, outra vez, mais alguns pontos nessa tessitura possível.

Em torno da transferência se constroem os laços do trabalho intelectual, da produção acadêmica. Alguns autores lidos ensejam os laços. Entre nós cinco, houve, além de Freud e Lacan, e gostaria de declarar, uma indisfarçável preferência por três autores que sempre estiveram presentes em nossas discussões, mesmo que agora, nesses textos que trazemos, não apareçam em notas de rodapé. Muitas vezes, livros e autores são mais que ferramentas de trabalho. São como incenso... enquanto perfuma faz companhia. Por que nos fizeram companhia, porque sempre permitiram que nosso pensamento se construísse livre de fronteiras disciplinares, queremos lembrar de Roland Barthes (*Au Séminaire*), Michel de Certeau (*A escrita da História*) e Mireille Cifali (*L'infini éducatif*).

Eliane Marta Teixeira Lopes
Organizadora

Introdução

Psicanálise e Educação

Célio Garcia

Psicanalistas e educadores, reunidos em torno de um projeto que os levasse a escrever um livro, poderiam muito bem admitir que educar vem a ser modificar a relação do sujeito frente ao real. Professores e professoras em diferentes níveis do sistema, quando se debruçam sobre a questão da educação, são levados eventualmente, forçoso é que se diga, a trilhar caminhos que levam a uma "reforma do entendimento". Não estranhemos a expressão. Conhecida desde o século XVII, foi usada por Spinoza (*de intellectus emendatione*) e toda tradição filosófica desde então.

É bem verdade que, algum tempo depois, o Aufklaerung kantiano, ao se apropriar do projeto emancipador leigo, marca definitivamente, a partir de então, toda e qualquer tentativa de "reforma do entendimento".

No entanto, queremos aqui tematizar a questão "educar" na medida em que guarda ela algo de antes da intervenção de Kant, fazendo-se estranhamente contemporânea da "reforma do entendimento", na versão spinozista, ou em outra versão agora atualizada. Ao mesmo tempo, este é o século XVII, século de Descartes, Spinoza, Vico, do Renascimento, com todas as obras do homem já voltado para seu destino na terra, não necessariamente sua salvação eterna. Tudo no melhor estilo laico; em outras palavras, estava assentada a base para uma escola que se pretendia moderna. O termo "reforma do entendimento" se manteve no que ele tinha de melhor, eventualmente carreando o que ele tinha de dogmático; nem sempre declarado ou reconhecido pelos educadores, o projeto "reforma do entendimento" poderia muito bem ser considerado suficiente para pensar os dramas existenciais dos professores e/ou das professoras sem o *pathos* costumeiro. (Afinal, o que há de tão dramático na vida ou na atividade profissional de professoras e professores? — pergunta-se uma de nossas co-autoras neste volume). Teria a influência do projeto iluminista pesado de tal forma na atividade educacional, tornando insuportável o compromisso de levar a "humanidade à maioridade"?

A rigor, estaríamos em boa companhia quando mencionássemos este filósofo descrito em sua biografia como afável, havendo recusado bens e riquezas, tido com reserva pelas instituições oficiais do poder das religiões ou da monarquia. Haveria, *data venia*, pertinência em se falar de "reforma do entendimento" não somente naquela época e tão somente naquela época. Há mesmo em Spinoza o que faltaria a Freud (faltaria?): uma teoria do político susceptível de trabalhar por uma integração do político, aos procedimentos mentais da emancipação, sem que a pretensa transparência ética da comunicação e a gestão do necessário, de fundo iluminista, viessem pôr fim à reflexão. Ressignificar nossa prática pedagógica poderia muito bem ser a invenção constante de enunciados singulares lançados no espaço público e/ou no espaço da escola.[1] Teríamos assim assegurado um terreno, favorável e prestigiado, ao projeto que anima a ação do educador.

Para manter a parceria já aludida, o bastante para que façamos obra neste volume, podemos assemelhar "reforma do entendimento" e "mudança por intermédio

---

[1] Ver, ao final deste capítulo, proposta de trabalho em grupo de formação em militância política ou currículo escolar.

do saber" e/ou "condições de acesso a verdade". Entenda-se o "entendimento" como fazendo parte do domínio do ato; em nada se comprometem os participantes da empreitada quanto a uma eventual função ontológica do espírito. Tudo se passa em plena vigência do espírito dos tempos, final do século XX. Debruçados sobre a questão da educação, somos levados, quer queiramos ou não, a encontrar em nossos projetos herança do que nos foi legado por nossos predecessores.

Aqui, no entanto, não vamos aproximar "reforma do entendimento" de outras reformas, por mais atuais e bem intencionadas que elas a nós se apresentem. Sabemos que os programas escolares pretendem por vezes, ter força de "reforma social", no caso, havendo equivalência entre "reforma social" e "reforma moral", o que eventualmente atestaria a influência do programa Aufklaerung.

Em nossa contemporaneidade, os termos "personalidade", "caráter", "valores" atestam a contribuição da psicologia e da representação que fazemos da criança nos programas escolares de nosso século; consideramos assim, estar garantido o interesse da escola pela "autonomia moral", pelo bem-estar social. Tudo isso é, no entanto, pensado em função de um desenvolvimento em harmonia, sem rupturas significativas.

Quanto a nós, psicanalistas e educadores, aqui reunidos, gostaríamos de estar incluídos entre aqueles que conseguem tematizar "desejo" e "entendimento", criando uma nova maneira de compreender e lidar com seu desejo. O caminho não saberia ser outro senão a "reforma do entendimento", despertar de um desejo que leva à necessidade de uma decisão. Não sendo um termo encontrado em Spinoza, "desejo" vem aqui em suplemento devido à vizinhança da Psicanálise; para Spinoza bastaria uma reviravolta que nos esclarecesse sobre os objetos de desejo. Certeza e entendimento se confundem, e o desejo construiria sua própria adequação.

O tema da "reforma do entendimento" oferece igualmente oportunidade para nos perguntarmos: seria neste caso, consentânea a Psicanálise com uma tal perspectiva? Asseguraria a vizinhança da Psicanálise um outro encaminhamento na tematização das questões aqui suscitadas, marcadamente ao introduzir o problema das pulsões, da incompletude da instância de alteridade, da falta? Recusaria ela essa perspectiva de "reforma do entendimento"? Que faltaria à Psicanálise para que ela aderisse a um programa dessa natureza? Teria ela pensado seus compromissos com outras disciplinas que se avizinham da dita "reforma"?

Tivesse a Psicanálise examinado o contencioso resultante do contato com outras disciplinas, ela mesmo dando conta de seus atos, só então poderia ela se apresentar como referência no debate que ora estabelecemos.

Minha hipótese solicitaria à Psicanálise e àqueles que dela se aproximam, comprometendo-nos a todos nós com uma *reforma,* a fim de que pudéssemos partir de pronunciamentos efetivos e claros sobre sua direção terapêutica, ao dar conta do ato que ela efetua, sobre a autonomia relativa do seu discurso e o debate com outros campos.

Para isso os outros discursos já solicitados, tanto quanto a Psicanálise, também teriam que responder pela eventual "reforma do entendimento" ao nível dos indivíduos, ao nível dos discursos (ciência, filosofia, política, outros), levando-se em conta os eventuais efeitos do inconsciente.

Finalmente, seria a Psicanálise a única a se estabelecer a partir do que escapa, dos aspectos relacionais, residuais? Saberia ela lidar com uma racionalidade de transição no caminho em direção à decisão? Estamos, é certo, além da clínica; assim podemos indagar se a suposição de um "saber que se desconhece" diz respeito à razão, ao próprio discurso do saber? Nesse caso, mais uma vez, estaríamos próximos de uma "reforma do entendimento" como programa bastante para a atividade de educar.

Se a escola de plena racionalidade, de total funcionalidade, foi nos últimos anos objeto de crítica e avaliação, a questão crucial, entretanto, permanece: "o que seria educar"?

São essas as perguntas que pude me fazer ao ler as contribuições dos colegas reunidos em torno do projeto de livro que nos animou.

De agora em diante vou dar conta de dois tópicos (a Universidade, a prática política-educacional) de minha própria experiência onde se vêem a Psicanálise e a Educação em distintos níveis confrontadas, no interior de instituições que são as nossas. Devo permanecer tão próximo quanto possível da introdução que acabo de fazer.

Psicanálise e Universidade (Lacan)

Como sabemos, Platão assumiu a tarefa de registrar o ensino de Sócrates graças aos famosos diálogos. Platão, o professor, teria aceito transmitir a verdade contida nas intervenções de Sócrates, verdade formulada em ocasiões em que alguma demanda lhe era feita. Nada mais!

Uma ilustração do século XIII, com alguma irreverência, inverte a situação quando nos mostra a figura de Platão, dedo em riste (*didax*, didático!), postado nas costas de Sócrates, como se a ditar o que Sócrates deveria escrever.

Passados mais de trinta anos no convívio da vida universitária, sou tentado a dizer que essa figura ilustra, no meu particular entender, o que pode acontecer à Psicanálise sendo ela aceita no campus universitário: Sócrates, o analista, forçado a escrever, ou levado a pronunciar certas frases em detrimento da verdade que ele mesmo trazia.

Nem por isso pretendemos abandonar o campo de trabalho que se descortina diante de nossa curiosidade, uma vez que estamos no "campus". Afinal não pretendemos simplesmente admitir Freud, colocando a parte sua epistemologia;[2] isso nos dispensaria de pensar o que aconteceu com o advento da Psicanálise.

"Só há ciência do universal", ou ainda de uma sentença Universal Afirmativa podemos tirar uma Particular, eis a máxima aristotélica reinante na Universidade, confirmada na era da ciência desde Newton.

No entanto, a Psicanálise tem insistido em ver reconhecido algo da ordem do singular.

Não que a Filosofia desconhecesse o singular: se nos atemos à tradição de Ockham, atribuiríamos predicado um a um a cada elemento que a tanto se habilitasse; a estrutura era obtida graças ao princípio "existe o Um".

A tentativa de Hegel nos ensina como fazer valer consciência e vida, graças a aproximações complementares que garantissem a soberania do conceito, ao mesmo tempo que sua impotência.

Nem era simplesmente a abordagem genética, ou o desenvolvimento já contido no início, nem o progresso temporal que garantiam a "mais alta dialética" (Gerard Lebrun).

O ESTRUTURALISMO E A QUESTÃO DA EDUCAÇÃO

Nos anos 60, a presença da Psicanálise na Universidade fez com que Jacques Lacan dirigisse sua pesquisa e seu ensino dentro do contexto científico criado pelo estruturalismo.

Uma parte do projeto estruturalista foi realizado ao se explorar a distinção entre o Imaginário e o Simbólico. A estratégia adotada produziu resultados consideráveis; esses resultados eram consoantes em várias disciplinas

---

[2] Ver Paul Laurent Assoun e sua "epistemologia freudiana".

tidas como disciplinas piloto na época. Implantava-se a idéia de uma investigação cientifica, uma epistemologia própria às ciências humanas para as quais viesse a ser adotado o corte em questão, ou seja, distinção entre Imaginário e Simbólico (Psicanálise), entre Natureza e Cultura (Antropologia), entre Significante e Significado (Lingüística), entre valor de uso e valor de troca (Marxismo), entre analógico e digitálico (Ciência da Computação), entre o contínuo e o discreto finalmente. Sabemos que as disciplinas evocadas são: a Lingüística estrutural de F. de Saussure, a Antropologia estrutural de Lévi-Strauss, a Psicanálise de orientação lacaniana, o marxismo de Althusser.

O Simbólico, para essas disciplinas, passou a valer como uma espécie de máquina que funciona a base de um algoritmo; o algoritmo dizia como operar, como fazer para se chegar a uma solução. A noção de algoritmo corresponde à formalização de um instrumento com o qual se opera na abordagem da dita estrutura. Além disso, os elementos marcados em um sistema formam combinações articulando uma rede, e assim se deixam ler como uma frase, uma sentença.

Lingüística e Antropologia muito se beneficiaram com a nova abordagem, pois essas disciplinas, em matéria de real, só contam com o que é simbolizado, só contam com o Simbólico. Daí se pensar: o que não foi simbolizado não existe. Era um certo exagero, como provavelmente vamos poder constatar.

Vamos ver como o sucesso do algoritmo fazia esquecer outros aspectos.

Por enquanto vamos assinalar que graças à Lingüística, sabíamos que *"le langage représente la forme la plus haute d'une faculté qui est inhérente à la condition humaine, la faculté de symboliser. Entendons par là, très largement, la faculté de représenter le réel par un "signe" et de comprendre le "signe" comme représentant le réel..."* (Benveniste, 1966).

Lévi-Strauss com a Antropologia estrutural propiciava uma definição para o inconsciente como um lugar não de pulsões, nem de energia, mas um lugar de função simbólica (Lacan). Para L. Strauss a distinção entre natureza e cultura marca a emergência da função simbólica. Com isso nos afastávamos do paradigma romântico vigente e inspirador de tantas teorias no século XIX; a função simbólica não tinha sido, até então, objeto de uma definição clara. Não vamos nos estender, mas era frente ao antigo paradigma romântico que se pensava em estrutura.

Por seu lado, Ferdinand de Saussure havia adotado como unidade para seu sistema lingüístico o "signo lingüístico", relação que aproximava seqüência de sons numa língua (o significante) de uma outra referência: o "significado".

O algoritmo era eficaz, seu sucesso foi grande; porém com tantos exemplos de polissemia, criatividade na língua, deslizamento semântico, algo ficava de fora. Houve sempre um argumento que denunciava uma operação de tapa buraco nas paredes do discurso, acabando por mascarar a estrutura diferencial da linguagem. A referida operação é realizada graças ao imaginário (formação ideológica), dizia-se; forma de ilusão especulativa, graças a ela, o sujeito se apresenta. Com isso, torna-se evidente que a formulação de um princípio geral que abrangesse todos esses fenômenos seria interessante. Esse princípio geral, posso adiantar, teria de dar conta do que é contingente a nível da língua, considerando-se o caráter de indecidibilidade do sistema. Afinal de contas, algoritmo foi feito para dar soluções; este que nos ocupa, em se tratando de Lingüística e Psicanálise, não fornece soluções, só fornece questões, ou seja, todo signo é problemático.

Resumindo: o estruturalismo, ao manter o nome destacado da palavra, acaba por fazer do nome um candidato à univocidade. Em outras palavras, o próprio pensamento pretende a univocidade, sendo a totalidade a teoria que lhe corresponde. Essa foi a tentação do estruturalismo, seu limite, sua perdição.

Tanto é assim que Deleuze, ainda em 67, em uma época precoce (se pensarmos que a hegemonia do estruturalismo durou até os anos 70 e só agora estamos numa época de pós-estrutralismo!), alinha os seguintes critérios para definir o estruturalismo:

1. reconhece e trabalha com o simbólico em oposição ao imaginário;
2. a posição do elemento no sistema dá o sentido;
3. o que mantém o elemento será a diferença frente aos outros;
4. a estrutura é inconsciente, ou seja, o sistema virtual se diferencia no momento em que se atualizam certas relações;
5. os elementos se distribuem em séries;
6. há um lugar vazio, irredutível ao sistema binário. Há uma falta nesse lugar, é o lugar da falta. (Exemplo: quebra-cabeça com $n+1$ lugares e n peças; tudo se passa a partir do lugar vazio). Esse sexto critério é totalmente distinto dos outros. Logo veremos como explorar as conseqüências dessa originalidade.

As pretensões do estruturalismo, além das já lembradas, incluem uma última que diz respeito à metalinguagem; o simbólico assegura uma linguagem (metalinguagem) capaz de enunciar frases sobre uma outra linguagem (linguagem objeto). "A cultura é a metalinguagem da natureza", teria dito de bom grado L. Strauss. O sexto critério por si já era capaz de denunciar as pretensões de uma metalinguagem; mas as conseqüências de uma tal denúncia só seriam levadas em conta mais tarde.

O ESTRUTURALISMO E A QUESTÃO EDUCACIONAL

Se pudéssemos dividir em três períodos a questão educacional, diria que tivemos:

1. A época do DOGMA, onde a disciplina privilegiada seria a Apologética, ou seja, como convencer, graças à exibição de provas e fundamentos, da existência de Deus. Evidentemente, a Retórica (ao lado da Gramática e da Dialética ou Lógica) era a matéria mais importante: tratava-se de um mundo teocêntrico onde a analogia era a operação lógica adotada para se pensar o homem e seu criador. Natural que se pensasse a educação como uma questão que visava a virtude intelectual estimulada pelo ensino por meio da experiência e do tempo; ao lado dessa primeira virtude, a virtude moral encaixava-se bastante bem (*êthikês*, em Aristóteles). Para se chegar a esta *êthikê* bastava uma pequena modificação do que os gregos chamavam *ethous*, ou seja, a norma, o caráter inconteste. Bastava passar de um e breve para um e longo, dizia Santo Tomás, fazendo blague com as letras da palavra em grego. (*êthos*, em grego, com a letra *eta* e *ethos*, em grego, com a letra *epsilon*).

2. Em uma segunda época, tivemos o que chamaria a BUROCRACIA. Vide quadro ilustrativo em Legendre, para bem caracterizar essa época. Controlar, Coordenar, Comandar, Organizar e Prever são as operações essenciais.

Os objetivos educacionais são alinhados em taxonomia, e o interessado é tido como uma caixa negra com uma operação de *in-put* na entrada e uma operação de *out-put* na saída. Diria que aqui começa o estruturalismo (pelo menos no que esse paradigma tem de rigidez).

O naturalismo do estruturalismo faz com que ele aceite bastante bem as premissas vigentes, em se tratando de virtude intelectual assim como de virtude moral. Nada mudou nesse setor, continuamos como na época do dogma.

O estruturalismo é, pois, um pensamento voltado para a ordem interna de um sistema; por outro lado, ele provocava um deslocamento da figura do homem no cenário a ser examinado pelas ciências humanas (o homem já não era o centro). Vamos ficar com esse deslocamento, mas vamos dispensar a rigidez sistêmica.

3. Numa terceira época, vamos nos interessar pelo que seria propriamente a transmissão. Não mais o ensino, mas a transmissão. Aqui encontramos lugar para propor uma "elaboração forçada" quando se tratar de aprendizagem. Não é, pois, uma visão romântica que vamos adotar com relação ao aprendizado ou o aprendiz. Vamos falar de uma "escolha forçada", quando tivermos de mencionar a questão da liberdade para a qual há causa e consentimento; não se trata, portanto, de garantia a ser esperada por força de uma escolha racional, como teria preferido a burocracia e a taxonomia dos objetivos educacionais. Por conseguinte, vamos admitir o lugar vazio e nada temos a temer quanto à crise do estruturalismo (vide Deleuze já em 1967).

Em vez de uma técnica de ensino que se baseia no falso democratismo de uma relação tida como simétrica entre professor e aluno, vamos adotar a unidade de estudo e pesquisa na qual o chamado professor será "mais-um", isto é, ele descompleta a unidade de estudo e pesquisa em vez de completá-la. O que vai bem com o sexto critério de Deleuze.

Estamos presentemente nessa etapa: os destinos da questão educacional se jogam diante de nós. Estamos diante da seguinte aporia:

A) se é verdade que não há metalinguagem (como havia pensado o estruturalismo), há indistinção. A língua seria um dispositivo onde grassa a indecidibilidade, cada termo podendo pender tanto para um lado quanto para o outro. A homonímia (uma mesma palavra para dois sentidos) vem a ser o real em se tratando da língua. Sentidos opostos poderão nesse ou naquele momento na história da língua, ou no uso da língua atestar o quadro a que nos referimos.

Somente uma intervenção proveniente de fora da língua pode fazer sair da indecisão. Mas, quem decide? Admitimos que não estamos na era do dogma, nem tampouco na época da hegemonia da estrutura. Quem decide? Quem corre o risco?

B) A referida indistinção trazida ao plano da educação leva a uma tese que diz: "a educação é o resultado de uma mestiçagem". Já a criança, mistura de genes trazidos pelo pai e pela mãe, é um cruzamento; toda e qualquer pedagogia expõe o sujeito ao outro e é fonte de aculturação. A educação solicita o aprendiz a entrar em contato com a alteridade a mais estranha, exige que ele renasça mestiço.

"Aime l'autre qui engendre en toi une troisième personne, l'esprit". (Michel Serres "Le tiers-instruit").

Não sabemos como vai ser encaminhada a presente situação. Podemos anotar um comentário inspirado pela Psicanálise: o fato de haver homonímia não nos autoriza a concluir que nada será inscrito no nível da língua; o fato de um pensamento ser equívoco, já pela sua pretensão de nomear algo, em nada nos autoriza a concluir que nada temos a pensar; o fato de que tudo seja multiplamente ambíguo nada nos diz quanto a uma possível nomeação das coisas. Finalmente, se a univocidade é impossível, não é por isso que ela deixa de incidir sobre um desejo. Mas, se tudo isso vier a se constituir num conjunto de teses, teremos uma Pedagogia Clínica decididamente instruída pela Psicanálise. A Pedagogia Clínica não se pauta pelo dogma, nem se limita à estrutura, ela conhece o indistinto (o indecidível), porém não o confunde com a incerteza.

DA UNIVERSALIDADE DO CONCEITO
AO MUITO ESPECIAL ESTATUTO DO *MATEMA*

Ou ainda — sem o estruturalismo, o que teria restado da estrutura?

Sabemos que o conceito é a unidade mínima sobre a qual incidem nossos juízos. Como pensar o conceito? Será que essa noção tem se mantido sem crises ao longo da história das idéias? Não. Freud participou dessa crise do conceito. Assim no texto sobre as pulsões ele fala de "*Grenzbegriff*", isto é, de um conceito-limite entre o psíquico e o somático. O termo *Grenzbegriff* (conceito-limite) não foi inventado por Freud, ele está na Filosofia alemã, em Kant, por exemplo.

Onde se encontra o *Grenzbegriff* em Kant? Nada mais nada menos que no capítulo "A coisa em si" (*Das Ding an sich*). Uma questão delicada a "coisa em si", nada trivial.

Grenzbegriff é um *Begriff* (conceito) especial, e é o que nos interessa assinalar; ele delimita as pretensões à significação, à validade do próprio *Begriff*, na medida em que ele nos remete a um limite objetivo, limite encontrado na experiência como fundadora do julgar. Ele define as fronteiras do que deve ser dito sobre o quê está além dessa fronteira.

A pulsão assim pôde ser dita um mito pelo próprio Freud! Entenda-se: o termo "mito" foi empregado depois de um trabalho considerável por parte de Freud, na tentativa de dar conta do que ele tinha anotado na clínica. A pulsão não pode ser examinada como se ela fosse um conceito qualquer, deixando-se de atender característica muito especial, a ponto de Freud chamá-la um mito.

Considera-se que Freud teria ido da experiência à teoria, já que a boa escola, em se tratando de conceitos, ensina-nos que devemos pôr e repor cem vezes o conceito no *metier* (tal como o bom tecelão, no seu tear ainda artesanal, trabalha fio por fio antes de considerar sua obra terminada).³ Também fui formado nessa escola, porém trata-se de outra coisa desta vez.

Abro um parêntese para uma menção ao livro de Deleuze e Guattari *"Qu'est-ce que la Philosophie?"* e o tratamento que é reservado à questão do conceito. Creditando à Filosofia a tarefa de fabricar e lançar em circulação conceitos, nem por isso deixa Deleuze de assinalar a crise do conceito em termos veementes: *"Le fond de la honte fut atteint quand l'informatique, le marketing, le design, toutes les disciplines de la communication, s'emparèrent du mot concept lui-même, et dirent: c'est notre affaire, c'est nous les créatifs, nous sommes les concepteurs."*⁴ Fecho o parêntese.

Nossas considerações sobre o conceito estarão agravadas, neste confronto Universidade *versus* Psicanálise, quando nos lembrarmos que "Só há ciência do universal", como mostramos acima.

Ao lado disso, com Lacan, a situação se complica, pelo menos se temos em mente os padrões adotados desde sempre na Universidade: com Lacan, o escopo da Psicanálise se vê ampliado, ao pretender ela se alçar a um nível epistemológico reservado à Filosofia, às Ciências, sem que ela, Psicanálise, adotasse os procedimentos consagrados na comunidade científica, por exemplo, quanto ao conceito.

Ora, o conceito não é um termo a ser tranqüilamente aceito e admitido em Psicanálise. Lacan no seminário "Os quatro conceitos..." termina por dizer:

> "...em se tratando do conceito, nossa concepção implica numa abordagem que não é sem relação quanto ao que se sabe quanto ao cálculo infinitesimal. Fabricado para apreender a realidade, será graças a um salto, uma passagem ao limite, que o conceito poderá finalmente dar conta dela e se realizar inteiramente."⁵

---

³ Veja para isso Canguilhem.

⁴ Deixo de traduzir para apreciarmos a ênfase dada pelo autor na sua própria língua.

⁵ Página 23 da edição francesa, tradução do autor destas notas.

Lacan será conduzido a substituir o conceito pelo *matema*, "houve passagem ao limite em se tratando de matema". Trata-se do conceito realizado, *"transperçant le réel"*.

A álgebra lacaniana ou notação matêmica é uma notação muito especial. Ela tem sido examinada cuidadosamente por autores não psicanalistas na atualidade, entre eles Alain Badiou. Essa álgebra, ou notação por meios de *matemas*, é o resultado de considerações sobre a questão do conceito.

Assim a Psicanálise, desde Freud até Lacan, vai se apresentar como uma tentativa de inovação ao redefinir nossa relação frente ao saber. Porém nem todas as questões suscitadas por essa operação estão definitivamente resolvidas.

Haveria mesmo no dizer de Claude Imbert uma disjunção insuperável entre Lógica Formal e Lógica Categorial: a primeira voltada para a Matemática, a segunda para a experiência. Lacan ao usar uma e outra[6] enfrenta um desafio ao longo de seu ensinamento; podemos talvez dizer que esse desafio veio a mostrar-se patético nos últimos seminários. Vide a leitura de Joyce empreendida por Lacan e a importância dessa leitura: em vez da tranquila elegância da trindade dos nós de Borromeu, um quaternário se impunha a partir de um Simbólico que se desdobrava em Sintoma e Símbolo. Ao escutar uma conferência de Jacques Aubert em Belo Horizonte, surpreendi-me ao formular uma questão que diz respeito a este quarto termo, dito Sintoma por Lacan. Minha indagação diz respeito ao estatuto a ser atribuído ao quarto termo, já que ele não pode simplesmente ser considerado um a mais que viesse amarrar os três outros empilhados, tal como o teria deixado Freud. Se o quarto termo não é um a mais, ele é desdobramento de um já

---

[6] Ver, por exemplo, seminário "Lógica do Fantasma" ou seminário "Encore".

existente. De fato, ele é desdobramento do Simbólico que assim se vê atribuído um novo estatuto, em nada semelhante ao estatuto privilegiado em que se via hegemonia, logo no início, nos anos 50, atribuído ao mesmo Simbólico. O quarto termo em questão, apreendido na leitura de Joyce e nas dicas que ele mesmo deu sobre sua escrita, era a retomada da questão, "o singular *versus* o universal", o singular do Sintoma e o singularíssimo do *sinthome* como efeito de uma análise, por exemplo. Essa é a questão que trago: não foi possível manter a elegância, dizia, dos nós de Borromeu; Joyce, a loucura de Joyce, forçara Lacan a mudar de orientação. Mudar de orientação quer dizer tentar mais uma vez, agora sem ajuda do conceito, sem o acordo dos procedimentos habituais.

Faço alusão à precedência do Simbólico como solução que dava à Psicanálise dos anos 50 feitio de ciência próxima da Antropologia Estrutural de Lévi-Strauss; graças ao Simbólico, conseguiríamos escrever, dar conta do que tinha sido a descoberta freudiana. Mais uma vez vamos retomar a questão e levá-la adiante.

O PENSAMENTO GENÉRICO

O desafio, já uma vez enfrentado por Lacan, foi retomado por Alain Badiou. Este filósofo vai operar uma reviravolta: o singular derrota a estrutura, aponta para a impotência do princípio do Um. O sistema filosófico de Badiou pretende estabelecer as condições de um pensamento genérico, este tipo de pensamento atendendo as condições de singularidade a que aludimos, em se tratando de Psicanálise, sem esquecer a validade para cem por cento dos casos exigidos pelo Universal. Badiou joga o genérico contra o que tornaria impossível sua trajetória.

Vejamos o que diz Badiou:

"A orientação dita pensamento genérico aceita e assume a errância do excesso ao admitir quanto à questão do ser a existência de partes que não são nomeáveis ou discerníveis. Esta orientação de pensamento afirma mesmo que em tais partes reside o lugar da verdade. Assim, para a língua uma verdade é parte indiscernível, e, no entanto, não transcendente. O pensamento genérico corresponde à decisão ontológica, decisão esta subjacente a toda doutrina, e tenta pensar a verdade como um furo no saber. Esta tese ou orientação de pensamento pode ser encontrada em Lacan".

Discutiremos esse tema a propósito de nossa prática político-educacional.

Prática político-educacional
(Freud, depois Badiou)

De início, faremos menção a Freud quando ele se preocupa com uma possível aplicação da psicanálise à educação na conferência XXXIV, redigida em 1932 e publicada em 1933. Nessa conferência Freud inicialmente declara: o reconhecimento de que a maioria das crianças atravessa uma fase neurótica ao longo do desenvolvimento dito normal pode nos levar à conclusão de que se fazem necessárias medidas de profilaxia, tal como no caso da vacina em se tratando da difteria. Em seguida, diz ele não haver na época condições *na sociedade* para a realização de um tal projeto; assim sugere colocarmos a questão em outros termos. Ao justificar sua nova posição, ele traz à baila o chamado dilema educacional — se por um lado, graças a educação, a criança deve atingir o controle das pulsões, por outro lado, a própria Psicanálise nos ensinou ser esta repressão fonte de manifestações neuróticas. Conclui, citando o impasse a que se é levado no mar de Messina (Itália), na região onde está o conhecido rochedo que já tantas vezes serviu como metáfora e que, no caso presente, diria: a educação terá que encontrar seu caminho entre a não interferência, ou o *laissez-faire* de Cila e a frustração de Caribde. Lá vamos nós em mar incerto, perigosamente navegando entre Cila e Caribde.

Aportamos no parágrafo seguinte e constatamos estar Freud desta vez atento quanto à questão por ele dita "legítima função da psicanálise"; assim vai nos advertir quanto a uma eventual e inadequada responsabilidade assumida pelos psicanalistas, quando estes pretendessem colocar a psicanálise a serviço de uma educação que não incorresse nas críticas que já se faziam na época: a psicanálise simplesmente buscava a integração da criança à ordem social existente, sem considerar se esta ordem poderia ser considerada válida ou aceitável. Conclui asseverando: a psicanálise contém suficientemente fatores revolucionários para estarmos certos de que ninguém por ela educado vai se encontrar do lado da repressão. Não saímos ainda do mar estreito entre Cila e Caribde.

Eram os anos trinta a época em que Freud escreveu estas linhas. Muitas tentativas de aproximar Psicanálise e Educação foram feitas de trinta para cá; carecem por vezes de referidas tentativas de elaboração que as tornassem consentâneas aos anos 90.

Na época, três ofícios foram considerados impossíveis pelo mesmo Freud, ao escrever ele um prefácio para um livro datado de 1925, escrito por Aichhorn, psicólogo austríaco, justamente abordando questões relativas à educação. Os três ofícios invectivados foram: Governar, Analisar e Educar. Vamos nos perguntar: "o que há com o tal ofício de educar"?

Para responder, recordemos:

1. o tal ofício lida com o saber, com a transmissão do saber;

2. não possuindo o aprendiz o saber, apresenta-se ele movido pelo desejo de saber. O aluno tem desejo de saber, não tem ele o saber. Assim apresenta-se ele!

Desejo de saber, uma vez manifestado, implica em *Identificação* do aprendiz com o professor. Como definir identificação? Trata-se de uma ligação amorosa entre mestre e aluno a qual facilita a compreensão entre ambos os personagens que vêm a formar um par, donde falarmos em relação professor/aluno.

Vamos operar de agora em diante uma desmontagem ou exame acurado de termos a serem encontrados em nossa trajetória entre Cila e Caribde.

*Identificação:[7] faz-se por força de um traço. Exemplo: em um filme curta metragem um jovem olha o retrato do pai na parede. Eslavo, militar, provido de imponente bigode, o pai era, na cena, demoradamente apreciado pelo filho. De repente, o bigode sai do quadro, desloca-se até encontrar o buço do rapaz. Houve ali identificação; não aquela com a qual contamos nos manuais de educação, mas esta com a qual contou Freud no capítulo do livro "Psicologia de grupos e análise do Ego". Houve *identificação, pois foi um traço retirado, tomado de empréstimo, ou outra operação o que propiciou a tal identificação. Com esse tipo de identificação não podemos contar para realizar um par, uma totalidade em se tratando do grupo; o traço não é amor, nem imitação, nem identidade. O traço é apropriação. Em vez de compreensão, harmonia, há disparidade, dissonância a partir de tal operação dita *identificação.

Desejo de saber em princípio implica em *cooperação* frente à tarefa a ser executada pelos aprendizes em grupo. A dita tarefa, sendo ela complexa, foi desde sempre dividida em partes; sabidamente a cada aprendiz é atribuída

---

[7] Os novos termos a serem definidos serão acompanhados de um asterisco; assim ficaremos sabendo que redefinimos o termo.

uma parte, o conjunto virá depois. Taylor foi o engenheiro que deu seu nome ao que chamamos repartição das tarefas, divisão do trabalho foi um tema de análise desde Marx. É sabido que cooperação propriamente dita não temos; assim outros engenheiros se conformam em visar algo a ser atingido, ao final da tarefa, sem que se tenha de perseguir a cada passo a cooperação.

Em vez de cooperação vamos definir *fidelidade, fidelidade ao acontecimento.

Devo dizer tratar-se aqui de Psicanálise do acontecimento, acontecimento que forçosamente nos surpreende, Psicanálise da verdade que é um corte na situação vigente, Psicanálise do sujeito que é suporte dessa verdade e produtor de atos em que se arrisca alguma coisa. Já percebemos que esta Psicanálise tem tudo a ver com a Política. Política não necessariamente partidária, mas prática política, diria "Política sem partidos" para resumir.

O acontecimento, diria, não se reduz a um fato, este é da ordem da constatação, enquanto o acontecimento, como já disse, surpreende, ele é mesmo sinal de um disfuncionamento no sistema. Nelson Rodrigues, em sua dramaturgia, se valia do acontecimento não permitindo que este fosse tragado pelo comentário banalizante sempre susceptível, de transformar o acontecimento em fato, quando simplesmente noticiado. Freud incluiu entre seus temas uma "Psicologia das massas", a questão do "mal-estar na civilização ou na cultura", deixando os termos iniciais não para uma teoria da cultura, mas para uma lógica do coletivo. Teoria da cultura nos remete a um pensamento liberal, ou a um capitalismo liberal, no máximo uma social-democracia assistencialista, ambas comprometidas com a idéia de consenso; a lógica do coletivo leva-nos a pensar que há um mal-estar e que este está associado eventualmente à frustração, a um dissenso. A Psicanálise enfrenta este dilema, tenta resolver com rigor essa questão ética.

Por conseguinte, *fidelidade em vez de cooperação, fidelidade ao acontecimento amoroso, ao acontecimento político, ao acontecimento científico enfim. O chamado drama dos pesquisadores, drama dos descobridores, aponta para esta questão. Sabemos operar-se por ocasião de certas descobertas uma verdadeira transformação no sujeito descobridor, verdadeira mudança na posição do sujeito frente ao objeto da ciência.

Ao lado da cooperação já examinada, agora substituída por *fidelidade, encontramos a *circulação de informação*. Em nossa época já nos acostumamos a um esquema que vem da Teoria da Informação e que oferece:

emissor..........> canal / (ruído)............> receptor.

Aí a informação deve circular. Em nossa proposta há circulação da informação quando, uma vez emitida, ela volta ao emissor, resultando daí o seguinte esquema:

emissor........................>
<............................

Essa situação de retorno em nada extraordinária já estava atestada pela pergunta por parte do aprendiz: *Porque o senhor quer que eu...?*. Essa pergunta endereçada ao emissor faz com que efetivamente haja informação no sentido pleno da palavra, pois só aí ele se daria conta de alguma coisa, estaria ele informado. Pensem na mesma pergunta endereçada pelo filho ao pai, assim o exemplo toma toda sua força.

Em seguida encontramos a questão do *líder no grupo de trabalho*. Em se tratando de um líder, há suposição de saber por parte do membro do grupo. Aquele a quem se atribui um saber suposto deve fornecer aos participantes, membros do grupo, respostas que levem o grupo ao seu objetivo; ele supre o grupo no que falta ao grupo. Tudo isso funciona garantido por uma condição, a saber — reciprocidade entre líder (portador de um saber suposto) e os aprendizes. De fato há disparidade entre o Ideal do Ego e o Ego ideal, dirá Freud. Para concluir este parágrafo, diremos que ao final há recalcamento da incompletude do saber do mestre a quem se supõe o saber.

Passamos então, agora, a enfocar o trabalho em grupo, instrumento freqüentemente encontrado nas nossas escolas. Afinal de contas é no e pelo grupo que educamos as crianças a controlarem as pulsões, diria o velho Freud. Não que haja um inconsciente coletivo, nem uma vida em grupo, nem uma teoria da cultura, mas certamente temos que trabalhar com uma lógica do coletivo e uma subjetividade política. Vamos lá.

Que forma de grupo adotaremos em nossa proposta?

Um grupo que não opusesse resistência ao *desejo de saber sobre o desejo*, sobre a incompletude do saber constituído. O grupo agora estará assim :

1. Acontecimento ou Descoberta;
2. o acontecimento nomeia o sujeito, faz existir o sujeito da aprendizagem;
3. da nomeação vamos por meio da fidelidade até a verdade;
4. em seguida, o sujeito é "forçado", ele é levado ao inominável, sem esquecer a retirada do pânico, uma vez que a figura do terror ou da verdade absoluta foi afastada.

Resumo:
1. O acontecimento ....> nomeação do sujeito;
2. identificação   X   nomeação;
3. cooperação   X   fidelidade;
4. circulação da informação   X   O sujeito é "forçado", é levado à verdade;

5. ensinar, educar como tarefa impossível X torna-se possível graças à retirada do pânico e das figuras do terror (verdade absoluta).

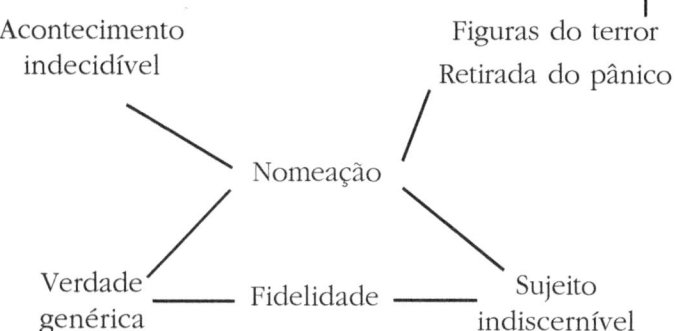

A seta volta ao cabo da última operação atestando que outras seqüências de acontecimentos virão, também elas aleatórias e finitas. O término impediria que outros acontecimentos viessem nomear novos sujeitos, pontuais e raros, como é o caso.

Se assim for, deixamos aqui estas notas, pois em se tratando de Psicanálise e Educação só resta continuar, continuar, continuar...

Da sagrada
missão pedagógica

Eliane Marta Teixeira Lopes

"...*a escola se não é templo, é caverna*".[1]

Podemos afirmar que existe hoje um modelo e um ideal de professor e de professora que está presente não só na sociedade, como na própria formação desse/a professor/a nos cursos de magistério ou nas Faculdades de Educação. Ensina-se prescritivamente a ser professor/a, ensina-se a dar aula: como deve ser um bom professor, como deve ser uma boa professora. Tal constatação pode ser feita na mídia: a televisão farta-se em explorar tipos de professores, desde os mais caricatos ("A Escolinha do Professor Raimundo"), até os mais melosos — basta lembrar a novela mexicana Carrossel, que fez tanto sucesso na rede de televisão brasileira SBT, no ano de 1991, em que a professorinha Helena tornou-se a paixão de grandes e pequenos. Jornais e revistas transcrevem louvações e louvam — sobretudo em dias especiais como o "Dia do Professor/a" — um tipo de professor/a identificado com a mãe, com santos e santas e até com Jesus Cristo.

Ao longo de muitos e muitos anos — e não ficou só no passado — os discursos de solenidades pedagógicas, os editoriais e artigos em revistas de educação e ainda, com um peso considerável, livros de didática e de psicologia

---

[1] "DIVINI ILLIUS MAGISTRI" — Encíclica do Papa Pio XI, de trinta e um de dezembro de 1929.

expõem e enaltecem modelos e prescrições de professores e professoras, qualidades a serem perseguidas, defeitos de que fugir.

À História, à História da Educação, cabe buscar a articulação presente/passado. Posta pelo presente, por aquilo que é contemporâneo ao investigador, essa questão traz tão forte marca de um certo passado que é como se não houvesse distinção possível entre o que passou e o que há para viver. É certo que o historiador privilegia o novo, os momentos de ruptura ou transformação, as ações inovadoras em detrimento das ações repetitivas e dos movimentos lentos. No entanto, se pretendemos capturar de que maneira a educação se articula com as mentalidades — conteúdo impessoal do pensamento, visões de mundo que incluem o afetivo, os sentimentos, as paixões, as sensibilidades — é preciso levar em conta a lentidão com que se dão as transformações na área de educação. Tudo aquilo que perpassa a prática e as relações pedagógicas — os gestos, as atitudes, as expressões, os silêncios, os sentimentos, as afetividades, as emoções — muda lentamente, de alguma forma permanece e resta como pregnância.

Pregnância é expressão cunhada por Merleau-Ponty, que a escolhe para exprimir tudo aquilo que, não sendo visível, nos permite ver, não sendo pensado, nos dá a pensar através de um outro pensamento.[2] Não podemos dizer que os/as professores/as em todos os tempos são iguais. Mas, na diferença, há um resto que insiste em ser dominante, em se dizer verdade. A verdade admitida aí não é uma verdade material (muito embora esteja materializada em um imenso volume de discursos que repetem sempre, com poucas variações, a mesma coisa), mas uma

---

[2] NOVAES, 1988. p.14.

verdade histórica,[3] que se impõe pela força da repetição, e não da argumentação.

Na mesma direção proposta pelo conceito de pregnância, Pierre Bourdieu[4] pode contribuir para uma interpretação desse ausente-presente na história com a noção de *habitus*:

"...sistemas de disposições duráveis, estruturas estruturadas predispostas a funcionar como estruturas estruturantes, isto é, como princípio gerador e estruturador das práticas e representações que podem ser objetivamente 'reguladas' e 'regulares' sem ser o produto da obediência a regras, objetivamente adaptadas a seu fim sem supor a intenção consciente dos fins e o domínio expresso das operações necessárias para atingi-los e coletivamente orquestradas, sem ser o produto da ação organizadora de um regente."

Também Walter Benjamin preocupou-se com a questão daquilo que fica, porque é semelhança — não mudança ou transformação — e, na semelhança, instiga-nos à descoberta do que não é, do que chama "poderosa massa submarina".

"Mesmo para o homem dos nossos dias pode-se afirmar que os episódios cotidianos em que eles percebem conscientemente as semelhanças são apenas uma fração dos inúmeros casos em que a semelhança os determina, sem que eles tenham disso consciência. As semelhanças percebidas conscientemente em comparação com as incontáveis semelhanças das quais não temos consciência, ou que não são percebidas de todo, são como a pequena ponta do iceberg, visível na superfície do mar, em comparação com a poderosa massa submarina".[5]

Muitos teóricos da psicanálise tratam da questão. Em "Mal-Estar na Civilização", Freud, ao tratar do inconsciente,

---

[3] Cf Verdade Histórica in Freud, S. *Moisés e o Monoteismo*. Parte II — G.Verdade Histórica. (Edição Eletrônica) ou Freud, S. Obras Completas Tomo III, p.3318 e 3349.

[4] Em vários artigos e livros Bourdieu retoma a noção de habitus. Para a citação acima cf. ORTIZ, 1983. p.61.

[5] BENJAMIN, 1985. p.109.

lança mão da constituição histórica de espaços, particularmente o de Roma, mostrando que o que passou pode estar resguardado e que é regra, não exceção, o passado achar-se preservado na vida psíquica. Também Lacan, em diversas passagens da sua obra, trata da história e disso que fica, afirmando: "Aqui e lá, trata-se de coisas que desaparecem na história mas que, ao mesmo tempo, ficam aí, presentes, ausentes".[6]

Ao historiador da educação pede-se que olhe o presente, que viva o presente, pensando esse presente como chave de entrada no passado. Pede-se ainda que, consciente de pregnâncias, penetre no passado, como Freud ou Sherlock Holmes, em busca de traços, pistas e sinais,[7] rastros por onde talvez não tenha passado o sujeito do seu trabalho, mas onde estava o ar que respirava, o olho que o olhava. Rastros, sempre lacunares e confusos, que subsistiram em formas de expressão variadas... objetos, gestos, discursos. Desses, alguns exemplos podem ser ilustrativos[8] para captarmos o que dissemos acima: demora na mudança, longa duração, pregnância, resto...

Retrocedamos bastante. No século XVIII, no interior de uma congregação religiosa, a das Filhas da Caridade de São Vicente de Paulo,[9] começava-se a construir uma concepção do que pudesse ser uma professora, suas qualidades, seus defeitos. Antes mesmo, outras congregações a isso se

---

[6] LACAN, 1983. p.286

[7] GINZBURG, 1989.

[8] Os excertos que cito acima foram pinçados de obras de tipos variados, como Boletins, Revistas, Jornais e Livros, que tiveram maior ou menor importância, em diversos tempos, desde o século XVIII. Para maiores detalhes sobre esse corpus cf. LOPES, Eliane Marta Teixeira. *"Da Sagrada Missão Pedagógica"*. Tese aprovada em Concurso para Professora Titular — Faculdade de Educação, UFMG (dat.) 1991.

[9] LOPES, 1996. p.167-187.

dedicaram, tal como as Ursulinas,[10] que no século XVI propuseram a educação de mulheres através de uma espécie de "maternidade espiritual" e do apostolado, mais importantes que a clausura para a modificação de comportamentos e condutas.

"Para bem se desincumbir do dever de professora três coisas são necessárias: a primeira é a estima por esta função; a segunda é a afeição pelas crianças; e a terceira uma grande paciência. Esta afeição é necessária a uma professora para amar seus alunos e ser amada, para instruí-los com prazer, doçura e proveito e enfim para viver e trabalhar juntas como boas filhas e verdadeiras mães espirituais que trabalham sem cessar para a instrução de seus caros alunos, que não omitem nada daquilo que elas crêem poder facilitar-lhes a aquisição da ciência dos Santos, que é aquela da Salvação e que tem um grande zelo e cuidado de Deus. Sem esse afeto e esse amor terno e cordial não é possível suportar o peso, o cuidado e a assiduidade inseparáveis da função de professora.

Alguns defeitos devem ser evitados: o orgulho e o desejo de promoção; o amor próprio, o cuidado consigo mesmo, de suas próprias satisfações; a procura mais da própria glória que da glória de Deus; o maior interesse pelas ciências do que pelo fervor, o temor de Deus e virtudes cristãs que devem ser o primeiro e principal objeto. A moleza, a preguiça, o horror ao esforço. A pusilanimidade, a covardia".[11]

Em 1847, ainda na França, Marie Carpentier[12] escrevia "Recomendações sobre a Direção de Escolas Maternais":

---

[10] LEDÓCHOWSKA, 1972.

[11] BONNET, Monsieur. *Conférence*. (Supérieur Général de la Compagnie des Filles de la Charité de St. Vincente de Paul — 19 de set.1727) apud LOPES, E.M.T. Da Sagrada Missão Pedagógica. p.117.

[12] CARPENTIER, Marie. *Conseils sur la direction des Salles d'Asile*. Paris: Hachette, 1847. p.8

"Que o amor da nossa obra esteja entre nós como um laço de família e que ele nos dê aquilo que o sangue nem sempre dá: a franca concórdia, a doce confiança, os afetos do coração, a verdadeira fraternidade. [...] nosso apostolado é novo. Eu digo apostolado e quem avalie menos elevada a nossa tarefa nela trabalhará com menos fruto e também com menos felicidade. Para aceitar uma missão de devotamento é preciso ter o elã do entusiasmo; mas para se manter na abnegação de si mesmo, para suportar por muito tempo sem se queixar e sem fraquejar uma vida de fadiga e provas que nem as distinções do mundo, nem os agrados de uma existência abastada, nem a esperança de glórias futuras podem abrandar, é preciso, como aos apóstolos, ajuda do alto, algum ponto de vista no qual a obra laboriosa possa nos aparecer bela como a caridade cristã, como a aurora de um novo estágio da sociedade.

O método é letra morta; a ele o professor deve acrescentar a cor, o movimento, a vida. Para um professor existem dois sujeitos a serem estudados: as crianças e ele mesmo. Duas coisas para sua realização: a educação delas e a sua própria."

As relações entre o magistério e a maternidade — associando-os ou dissociando-os — estão postas em vários discursos, mesmo em alguns que se colocam contra os sentimentos religiosos. No Brasil, mesmo um educador como Firmino Costa, que se posiciona sempre de forma anticlerical, com lucidez para distinguir o religioso do profissional no campo da educação, pede o celibato ou a não-maternidade para as mulheres professoras, para que resulte em maiores e melhores resultados pedagógicos: para o bem da educação. Como sabemos, é este o pedido, a exigência, àquelas e àqueles vocacionados à carreira religiosa.

"O Ensino Normal [...] formará professoras que não subalternizem os deveres profissionais a outros sentimentos estranhos a sua profissão, ainda que respeitáveis, como por exemplo, os sentimentos religiosos [...] a incompatibilidade entre os deveres de mãe de família e os de professora. Como cada vez mais me convenço dessa incompatibilidade, que a legislação escolar ainda não quis reconhecer [...] quanto ao ensino primário. Ele demanda tensão contínua do espírito a par de inteira serenidade na regência da classe. O magistério para ser bem exercido deve suceder ao máximo repouso do espírito e do corpo. É preciso poupar forças para poder despendê-las convenientemente na aula, de modo a conservar sempre o bom humor nas explicações da matéria e no trato com os alunos. De outra sorte, se a fadiga surpreende a professora em meio dos trabalhos ou si uma preocupação, qual a dos filhinhos, lhe domina o espírito, ambas as partes, a docente e a discente ficarão prejudicadas".[13]

Em 1927, Almeida Junior, eminente educador, publica um livro intitulado "A Escola Pitoresca", onde, a partir de uma pesquisa, discorre sobre o que pensam as normalistas. Amargamente pitoresca...

Serei uma boa professora e boa dona de casa: hei de instruir e educar, não os alunos, como também os filhos e os criados, e suportar a todos, e mais o marido com extrema paciência. [...]/ Irei a qualquer parte, porque mamãe me acompanhará. [...] /Quero ser pobre, mas feliz.[...]/ Desejo ser rica, muito rica... para comprar tudo que me apetecer...para viver folgadamente e não ter que pensar no futuro. [...]/ Ser pobre, extremamente pobre, para ganhar seguramente o reino dos céus. Mas isto, só no caso de não poder ser muito rica. [...]/ Desejo ser feliz e o melhor meio reside no casamento. [...]/ Imitarei na dedicação e na bondade minha mãe.[...]

E assim concentrarão o seu afeto nestas duas entidades que todos extremecemos — a família e a criança — que representam, de algum modo, o presente e o futuro da Pátria."[14]

---

[13] COSTA, Firmino. *A Educação Popular.* Belo Horizonte, Imprensa Oficial, 1918. (Conferência proferida no festival que se fez no Theatro Municipal de Belo Horizonte, em benefício da Caixa Escolar Dr. Estevam Pinto, do Grupo Barão do Rio Branco).

[14] ALMEIDA JUNIOR, 1951.

Como dissemos no início, os jornais sempre veicularam notícias sobre eventos escolares e, ao fazerem, devolvem aos seus leitores uma imagem que a própria história — e seus sujeitos — vem construindo da escola e de seus agentes. Em 1931, o "Estado de Minas" noticiava a comemoração do Dia da Professora:[15]

> "Na escola infantil Bueno Brandão, o Dr. Noraldino Lima expressou mais uma vez sua admiração pelo que presenciava e declarou seu contentamento que a instrução primária em Minas está entregue às moças dedicadas e hábeis, que bem se compenetram do papel que lhes compete na educação e na alfabetizaçao das crianças. [...] o Bueno Brandão possui um corpo de professoras competentes e carinhosas, compenetradas de seus deveres e da missão de educadoras".

No ano seguinte, a "Revista do Ensino de Minas Gerais", em comemoração à data, anunciava o que é ser professor.[16] O dia era da Professora, mas a homenagem, ou melhor, as prescrições eram ao professor. E ainda hoje repete-se assim. Lembremo-nos de que a "Revista do Ensino" era órgão da Instrução Pública de Minas Gerais.

> "Ser Professor é professar a religião do Dever, é olhar sempre para a frente e para o alto, é considerar-se como o alvo permanente de olhares indagadores, é viver em aturada vigília anotando no ementário da experiência as subtilezas dos mistérios desvendados no recôndito dos corações infantis; é fazer, em suma, da própria vida uma oblação perene da energia da vontade, um código de ética mais elevado.

---

[15] O Dia da Professora foi instituído pelo Decreto n.10.118, de 30 de outubro de 1931, assinado por Olegário Maciel e Noraldino Lima. Naquele ano, foi comemorado excepcionalmente no dia 4 de novembro. A razão da escolha daquele dia para a comemoração foi a data de instalação do Grupo Escolar Barão do Rio Branco na capital mineira, dia 30 de outubro de 1906, "no governo do inolvidável João Pinheiro". O Decreto n. 5.328/57 transferiu a comemoração da data para o dia 15 de outubro.

[16] PAZ, Pedro. Ser professor. in: *Revista do Ensino*, Belo Horizonte, Inspetoria Geral de Instrução, VI. (78). dez., 1932. p.58-62.

Assim como ao sacerdote [...] também ao professor não é dado despojar-se dos seus atributos, apenas tange a sineta assinalando o encerramento das aulas. Na escola, na praça pública, no lar, no recesso calmo do gabinete de estudo, por toda parte, como o corpo segue a sombra projetada, assim ao professor acompanha-o a silhueta da sua responsabilidade perante o mundo, perante sua consciência, perante Deus.

Ele será sempre um fator do bem, si moralmente integrado na consciência de sua missão [...] mas pode tornar-se um dos maiores cooperadores do mal em si, por negligência, por desamor, por tédio, por negativismo vocacional, não se conserva em guarda contra os botes da fragilidade humana ...

A vida do professor deve ser uma consagração de todos os instantes à causa do aperfeiçoamento moral, da elevação mental dos pequeninos seres ...

O professor deve ser um eterno insatisfeito consigo mesmo [...]

O estudo, a meditação, a virtude de não vacilar em retroceder sempre que se sentir desviado da verdadeira rota, a humildade dignificante no aceitar a sugestão proveitosa, a potencialização da sua energética, o acrisolamento dos atributos morais, a paciência da fé intemerata de um evangelizador — eis o programa que se deve traçar e seguir..."

A propósito do emprego do masculino como gênero gramatical, quando o discurso é dirigido a um grupo de mulheres (hábito presente ainda hoje, praticado por homens e por mulheres), é notável a expressão usada por Noraldino Lima, em 1932, no discurso de Paraninfo que fez às formandas do Colégio Normal, dirigido pelas vicentinas em São João del Rei:

"Quem quer se bata por um ideal tem a cruz de Cristo no seu escudo e a bravura de Godofredo no seu coração. [...] Sejamos idealistas, Senhoras Diplomandas: *idealismo de que só são capazes os verdadeiros homens, no sentido genérico.*[...] Educar...eis tudo". (grifos meus)

Em 1933, o Secretário-Paraninfo, ainda discursando, entre o meloso e o erótico:

> "Professora de Minas, em cujo dedo acabo de colocar o anel simbólico — aliança entre a tua e as almas em desabrocho que irão voar, amanhã, em volta de ti como um enxame inquieto de abelhinhas em torno de uma corola-caçoila de carne, toda de mel e perfume...

E, ainda, no mesmo ano, muito mais religioso:

> "Domine, ad quem ibimus? A quem iremos Senhor? Para o trabalho, para o dever, para o triunfo. A professora é a expressão viva e corpórea do trabalho que é o fator da produção da riqueza, bálsamo de todas as dores, consolo de todas as mágoas, tão necessário à natureza física como indispensável à natureza moral."

A repetida "Oração do Mestre" (atenção ao gênero), de Gabriela Mistral,[17] publicada em 1933, merece ser relembrada:

> "Senhor! Tu que ensinaste, perdoa que eu ensine e que tenha o nome de Mestra que tiveste na terra. Dá-me o amor exclusivo de minha escola: que mesmo a ânsia de beleza não seja capaz de roubar-me a minha ternura de todos os instantes. [...] Dá-me que eu seja mais mãe do que as mães, para poder amar e defender, como as mães, o que não é carne da minha carne. Dá que eu alcance fazer de uma das minhas discípulas o meu verso perfeito e deixar gravada na sua alma a minha mais penetrante melodia, que ainda assim há de cantar quando meus lábios não cantarem mais.
>
> ... Põe na minha escola democrática o resplendor que aureolava o teu bando de meninos descalços. Faze-me forte no desvalimento de mulher e de mulher pobre; faze que eu despreze todo poder, que não seja puro, toda pressão que não seja tua vontade ardente sobre a minha vida..."

De diversas maneiras poder-se-ia falar dessa Oração, e nenhuma delas é fácil. Gabriela Mistral (1889-1957)

---

[17] MISTRAL, Gabriela. Oração do mestre. *Revista do Ensino*. Belo Horizonte, Inspetoria Geral da Instrução, VII (95): 01-02, out., 1933. (orações da mestra ou do mestre podem ser encontradas, publicadas em jornais e revistas, até a década de 60, pelo menos).

foi uma escritora chilena, poeta e, por 20 anos, consulesa do Chile em Madri. Notável educadora, esteve no México e nos Estados Unidos para estudar métodos de ensinar, tal como muitos educadores brasileiros, entre eles Anísio Teixeira. Sua poesia, cheia de emoção e sentimento, foi traduzida para muitas línguas e, dizem alguns, influenciou escritores como Octavio Paz e Pablo Neruda. Foi a primeira (e única) escritora latino-americana a ganhar o Prêmio Nobel de Literatura em 1945.[18] Mas, mesmo diante tantas titulações, como não nos abismarmos defronte essas frases que ela tem a coragem (sim, coragem) de escrever:

> "Dá que eu alcance fazer de uma das minhas discípulas meu verso perfeito e deixar gravada na sua alma a minha mais penetrante melodia, que ainda assim há de cantar quando meus lábios não cantarem mais".

A ambição da eternidade é própria dos santos... mas também dos vampiros. Eu te torno eterna, para que me tornes eterna... e o gênero gramatical não deixa dúvidas: é em uma discípula que quer deixar gravada sua mais penetrante melodia...

"A alma do educador e o problema da formação do professor" é o título do livro de Georg Kerschensteiner (1854-1932) do qual foram extraídos os excertos abaixo. Foi editado em português em 1934, sem nenhuma outra reedição. Nos livros de História da Educação, é conceituado educador, mais conhecido por suas reflexões e inovações no campo da pedagogia do trabalho e da pedagogia ativa, admiradas e desenvolvidas no movimento da Escola Nova. Mas a importância de "A Alma..." se deve não apenas ao seu conteúdo, mas ao poder de irradiação do livro. Consta de todas as bibliotecas básicas de professores feitas até a

---

[18] Dados colhidos em: MISTRAL, Gabriela, Microsoft® Encarta® 96 Encyclopedia. © 1993-1995 Microsoft Corporation.

metade do século e muitos autores, pedagogos, citam-no: Ruy Aires de Bello, Afro do Amaral Fontoura, Luiz Alves de Mattos, Teobaldo Miranda Santos. Não me interessa se alguns de nós (intelectuais e educadores, comprometidos com a perspectiva crítica de educação e de formação) torcem o nariz ao ouvir esses nomes — desusados e alienados; o que me interessa é que esses autores, e outros que o citam, têm seus livros em 20ª edição ou mais, com uma tiragem desconhecida. Não é de se desprezar, nesse caso, a difusão das idéias: quantas normalistas e estudantes de Pedagogia e professores e professoras terão lido cada um deles? E quantas mais de um? Quantas terão ouvido — e quantas terão acreditado — nos caracteres que se imprimem na alma do educador?

> "...Existem muitas profissões que se têm de ser cumpridas à risca exigem uma personalidade de um tipo social. Assinalo, entre todas, a dos sacerdotes (pastores como são designados graficamente na religião protestante), a dos médicos, a das irmãs dos hospitais e maternidades, em resumo, todas aquelas profissões que se preocupam com o bem dos demais. Assinalo também, antes de tudo, a da mãe, contanto que ela não se refira ao aspecto sexual.
>
> Onde existe, pois, a especial estrutura social que diferencia o educador de todos os outros tipos de profissão social? Sua profissão é, indubitavelmente, a que mais se aproxima da mãe.
>
> Todo educador pode considerar-se um sacerdote: mas o sacerdote e, seu sentido restrito, isto é, o simplesmente religioso se diferencia dele, pelo menos enquanto tende a desenvolver no educando valores religiosos por meio de determinados bens. Separa-o ainda do educador a circunstância de que quase sempre se dirige, exclusivamente à vida espiritual do aluno, mas não de igual modo ao portador orgânico dessa vida espiritual, isto é, ao corpo.
>
> [...] Se perguntarmos agora, quem deve ser mestre [...] Se existe alguma profissão que exija uma vocação profunda é a de mestre e educador...

Unicamente deverá ser mestre aquele a quem esta profissão supõe o cumprimento de um desígnio. [...] Sentido do desígnio, não é outro do que a aceitação do mesmo, em seu supremo e último valor espiritual ao que o educador serve, de acordo com a petição sétima do Padre Nosso: a liberação do homem de todo o mal interior mais do que o externo. Este é também o sentido diáfano do fim a que Pestalozzi consagrou sua existência. [...] A salvação da escola primária não está em Kant nem em Goethe, e sim em Pestalozzi."

Fernando de Azevedo[19] pronuncia as seguintes palavras aos formandos da turma de 1941 em certa Escola Normal:

> "Mas essa alta concepção de vida, quase ascética, feita de generosidade de disciplina e de espírito de sacrifício, é tanto mais necessária quanto é certo que, na carreira que abraçastes, do magistério e de atividades ligadas à educação, o trabalho é pela sua natureza, freqüentemente obscuro, quase anônimo, feito de grandes dedicações e de pequenas renúncias, e que o heroísmo se desdobra, sem rumor e sem brilho em esforços extraordinariamente fecundos para o indivíduo e para a nação.
>
> A profissão de educador [...] se exerce, por uma ação contínua através das gerações, como a razão de ser e o sentido da própria vida, síntese de todos os ardores e de todas as ternuras de que pode pulsar, pela criança e pela pátria, o coração humano. Ela é insensível ao ruído, à popularidade e à glória. Mas se a chama viva de vosso apostolado for bastante forte para iluminar profundamente as gerações que vão subindo, nada suprimirá suas manifestações inesperadas nas existências mais tristes que sofreram a influência de vosso espírito".

---

[19] Fernando de Azevedo foi eminente educador desde a década de 20, quando conduziu o inquérito sobre educação a pedido do jornal "Estado de São Paulo". Em 1932, foi dele a iniciativa e também a movimentação em torno do Manifesto dos Pioneiros da Educação Nova. Além disso, dirigiu escolas e órgãos públicos e escreveu volumosa obra na área da educação e da história da educação. Morreu na década de 60.

Lorenzo Luzuriaga, pedagogo argentino, escritor de inúmeras obras na área da Pedagogia e da História da Educação, também pensou o que era ser professor/a:[20]

"...pessoa que possua vocação para sua missão, que se sinta chamado a ela por um saber "desinteressado", se assim se pode dizer, que tenha simpatia pelas crianças, que se sinta atraído pela ação educativa. Além disso deve possuir condições especiais de caráter: paciência, persistência, capacidade de trabalho, tato, senso social etc. Finalmente deve receber preparo especial, o mais elevado possível, não somente nas matérias que vai ensinar, como no conhecimento da alma infantil e dos fins e dos meios da educação".

Já na década de 60, Afro do Amaral Fontoura[21] também deu sua contribuição ao...

"Que é ser professor: é ser idealista, não ter grandes ambições materiais, trabalhar pelos outros, pela felicidade alheia".

A Associação das Professoras Primárias de Minas Gerais, através de mensagem de sua presidente, Marta Nair Monteiro, comemora o Dia do Professor/a[22] dizendo o que é ser um:

"Ser professor é estar acima de uma simples profissão: é um eterno dar-se, um constante servir com amor, paciência e abnegação. Alicerce da sociedade, insubstituível plasmador de caracteres, é no professor primário que repousa todo futuro de uma nação ..."

É um discurso que se algum serviço prestou aos professores e professoras foi o da atribuição de uma responsabilidade que não era a deles... Dizer "é no professor primário que repousa todo o futuro de uma nação" é

---

[20] LUZURIAGA, 1961.

[21] FONTOURA, Afro do Amaral. *Didática Geral*. 2a ed. Rio de Janeiro: Aurora, 1963. (Publicado em 1961 e reeditado 15 vezes).

[22] MONTEIRO, Marta Nair. Ao professor. *Estado de Minas*, Belo Horizonte, 15 out. 1963.

iludi-los com um papel na sociedade e no Estado que não é o deles; ilusão que enaltece, engana e desvia. Uma convocação de doação sem limites — eterno dar-se —, adequada, mais uma vez, àqueles que se dedicam à religião e aos seus ministérios.

A revista "AMAE Educando", em Belo Horizonte, a de maior circulação entre as professoras das quatro primeiras séries, em outubro de 1970, publicou uma poesia, em homenagem ao dia do professor/a.[23] Eis a última estrofe:

> "Senhor!
> Graças Vos dou com meu sincero ardor,
> Se ao fim da marcha pelo Vosso amor,
> Eu possa, enfim, dizer que minha vida
> Vingou na Glória da Missão cumprida!"

Em recente depoimento[24] de uma professora de escola pública, muito competente em sua tarefa de alfabetizar crianças, quando perguntada pela razão de ser tão bem-sucedida, ecoam todas as falas de um passado que não passou:

> "Em primeiro lugar, é paixão, é gostar realmente do que faço, eu sinto que é dom, uma coisa de Deus mesmo. Eu sempre, quando paro para pensar nisso, eu falo que é Deus que me deu esse dom. Porque às vezes, a gente tem que enfrentar e a resposta que a gente encontra para tudo é Deus mesmo. O retorno de tudo isso é a dedicação, o respeito ao aluno... Eu trabalho muito a individualidade do aluno, levando isso muito em consideração."

De uma maneira geral, esses discursos,[25] dos quais foram extraídos os excertos, insistem nas regras de

---

[23] TAVARES, Hênio. Missão Cumprida. *AMAE Educando*. Belo Horizonte, Ano 3, n.20, outubro, 1970.

[24] Trecho de Entrevista — 1997. Dissertação de Mestrado de Marcelo Ricardo Pereira, em preparação, na FaE-UFMG.

[25] Na Dissertação (acima referida), Cap.1 *Ser professor, ser professora: o texto*, estão expostos 167 excertos de discursos, organizados cronologicamente.

conduta para ser um bom professor, uma boa professora. Mas há cartazes, hinos, canções, presentinhos, objetos e gestos. Olhando em volta se vê.[26]

> *"Não fosse isso*
> *e era menos*
> *não fosse tanto*
> *e era quase."*
> (Paulo Leminski)

A marca religiosa, que se traduz na exigência de uma certa posição diante do ato de educar, é indisfarçável. Pode-se agora reafirmar que há uma concepção do que venha a ser professor/a, suas qualidades e seus defeitos, que foi cunhada no campo do religioso e daí desliza para a esfera do leigo e público — e fica. Resto, pregnância.

Por que é que mesmo depois de tantos séculos repete-se, constituindo-se repetição, essa vontade de não deixar nada escapar, como o "sintoma da pedagogia"?[27]

Em várias obras, Freud dedicou-se ao estudo da religião e das relações e efeitos que possa ter com o funcionamento psíquico das pessoas que se ligam a ela. "O Futuro de uma Ilusão"[28] foi uma delas. Aquilo a que chama de ilusão interessa-nos, já que erros não são ilusões.

> "Podemos chamar uma crença de ilusão quando uma realização de desejo constitui fator de sua motivação e, assim procedendo, desprezamos suas relações com a realidade, tal como a própria ilusão não dá valor à verificação."

---

[26] Olhando em volta, se vêem em Belo Horizonte escolas públicas protegidas por Nossas Senhoras e Anjos da Guarda e Menino Jesus; olhando em volta, se vêem cartazes em salas de aula: "Professor: imitai Cristo"; olhando em volta, se vêem em escolas rurais de pequenos distritos: "Acredite que dentro de você existe a sua alma imortal que alcançará a felicidade".

[27] Plagiando Roland Barthes, digo também que "essa palavra é dada sem nenhum rigor psicanalítico". *O Rumor da Língua*. São Paulo: Brasiliense, 1988. p.334

[28] FREUD, v. XXI. p.15-73.

Talvez o desejo de superar uma situação de privação e subalternidade a que a sociedade brasileira esteve sempre submetida fez com que se elegesse a educação como o espaço privilegiado para isso, proclamando que "sem educação, não há salvação" e convocando professores e professoras a um ministério que não era o seu. A ilusão de que se poderia ter um professor/a perfeito/a, maravilhoso/a — provocando uma espécie de maravilhosa doença de que custamos sarar — impediu-nos (impede-nos) de aceitarmos — todos nós: escolas de formação e também sociedade — os simples professores que tínhamos, para, não outros, simples alunos que tínhamos. Esses — ambos! — saturados de prescrições e de maneiras ideais de ser, experimentavam seu presente de forma ingênua, iludidos de que, comportando-se bem, sendo perfeitos — que é a santidade dos humanos — alcançariam um reino em que, não sendo deste mundo, "não seriam torturados pelo vazio espiritual, nem pela indigência interior, não sentiriam a nostalgia dos bens eternos" e a salvação seria para sempre. A missão estaria cumprida.

A religião é uma entrega, uma doação e traz consigo um componente mágico, uma ilusão de que é possível dela tirar vantagens...

> "Ficou sendo então tarefa dos deuses nivelar os defeitos e os males da civilização, assistir os sofrimentos que os homens afligem uns aos outros em sua vida em conjunto e vigiar o cumprimento dos preceitos da civilização, a que os homens obedecem de modo tão imperfeito. [...] Foi assim que se criou um cabedal de idéias, nascido da necessidade que tem o homem de tornar tolerável seu desamparo..."[29]

Tornar tolerável seu desamparo... o nosso desamparo, para o que ingressamos na corrente das idéias prontas — essa é a nossa verdade histórica — sobre o que é ser

---

[29] FREUD, 1974.

professor, professora, suas qualidades e seus defeitos; "aquilo em que ele está ingressando constitui a herança de muitas gerações e ele a assume tal como fez com a tabuada de multiplicar, a geometria e outras coisas semelhantes",[30] porque é apresentado a ele como revelação divina, como aquilo que salva. Temos que acreditar, porque nossos antepassados acreditaram e porque reivindicam nossa crença. Tiramos vantagem disso, porque o crente participa da grandeza de seu Deus e quanto maior este mais digna de confiança é a proteção que pode oferecer.[31] Mas também porque

> "o governo benevolente de uma Providência divina mitiga nosso temor diante dos perigos da vida; o estabelecimento de uma ordem mundial assegura a realização das exigências da justiça, que com tanta freqüência permaneceram irrealizadas na civilização humana; e o prolongamento da existência terrena numa vida futura fornece a estrutura local e temporal em que essas realizações de desejo se efetuarão."[32]

A História construiu uma imagem de professores e de professoras, eximidos e desembaraçados dessa humanidade que nos faz tão desvalidos: "...pessoa que possua vocação para sua missão, que se sinta chamado a ela por um interesse desinteressado... etc. etc. etc..."

Mas não é assim que é. O professor, a professora, não é uma abstração ou ente metafísico. Se tem uma inserção material concreta — econômica, cultural, social, política — tem também uma certa inserção psíquica, que constitui sua particularidade, sua maneira única de ser. Foi criança, sujeita às manifestações e expressões das idéias religiosas e educacionais e às repressões sexuais. Consciente de que o trabalho pedagógico é árduo, a

---

[30] FREUD, 1974. v.XXI.
[31] FREUD, S. *Moisés e o Monoteísmo*. G. Verdade Histórica. (Edição eletrônica).
[32] FREUD, 1974. v.XXI.

religião se abre para ele e o acolhe com a promessa de salvação, de perfeição, de eternidade... mesmo que não seja para já. Abandonar esse lugar, esse Céu, e renunciar ao papel que se identifica, nada mais, nada menos, com o do próprio Cristo, não é fácil. Mesmo que nisso esteja o sacrifício, a crucificação, o morrer glorioso, gloriosa, como mártir que entrega a sua vida para que outrem cresça, vale mais a pena do que uma simples morte simples. É mais difícil ainda se o que há em troca é ficar sem modelo, sem Pai.

> "Encontrar-se-ão, é verdade, numa situação difícil. Terão de admitir para si mesmos toda a extensão de seu desamparo e insignificância na maquinaria do universo; não podem mais ser o centro da criação, o objeto de um terno cuidado por parte de uma Providência beneficiente.[33]
>
> Estarão na mesma posição de uma criança que abandonou a casa paterna, onde se achava tão bem instalada e tão confortável. Mas não há dúvida de que o infantilismo está destinado a ser superado. Os homens não podem permanecer crianças para sempre; têm de, por fim, sair para a 'vida hostil'. Podemos chamar isso de 'educação para a realidade'. Precisarei confessar-lhe que o único propósito de meu livro é indicar a necessidade desse passo à frente?"[34]

Talvez possamos dizer que o sintoma da Pedagogia seja a construção dessa ilusão, a incessante busca de reparação de faltas; talvez não tenham sido gastas tantas e tantas páginas, em tempos e histórias diferentes, para dizer o que deveria ser, mas para tamponar o impossível de ser feito.

Mas se estamos diante de uma verdade histórica (no sentido que lhe dá Freud), cabe perguntar: se vivemos em uma sociedade leiga e republicana, que separou a Igreja do Estado, de quando vem essa marca — que por tudo visto, em certa medida, se mantém — e como se constituiu? Desde quando o professor, um dos pólos da

---

[33] FREUD, 1974. v.XXI.

[34] Ibidem.

relação pedagógica, para ser aquele que ensina, ou para além de ser aquele que ensina (inculca[35] e, de uma certa maneira, calca) mira-se em um modelo que, em muitos casos, é, nem mais nem menos, o próprio Cristo? A partir de quando a Pedagogia apóia-se, para sua legitimidade, na força do resistente e ilusório modelo religioso? A partir de quando incorpora aqueles significantes[36] dele advindos: salvação, redenção, eternidade, missão, abnegação, sofrimento, apostolado, sacerdócio?

Retrospectivamente, encontramos esse tipo de discurso que faz o mesmo apelo sentimental e salvacionista, em todas as décadas, seja no Brasil, seja em outros países do mundo.[37] Essa marcha retrospectiva pode ser alongada até o século XVI, quando, então, alguma coisa se passa no campo das grandes relações sociais com evidentes repercussões nas microrelações sociais. Pode-se aí localizar a origem desse tipo de discurso que vai pregnar as mentalidades e a própria Pedagogia e traz um modelo de mestre, inspirado na e pela Contra Reforma, que deslocou o eixo de força da religião católica, estabelecendo novas regras e novas maneiras de demonstração da fé e exercício da caridade cristã. Antes desse grande momento, a questão está posta não apenas para a filosofia, mas também para a Igreja educadora e dois grandes discursos da Pedagogia Católica, não por acaso, levam o mesmo nome e incidem sobre a já citada questão do/a professor/a, das

---

[35] Não deixa de ser curioso pensarmos que inculcar, do latim *inculcare* tem como sentido próprio amontoar com o pé, calcar; e no sentido figurado fazer entrar no espírito, calcar, levar a crer que... Calcar é ainda imitar servilmente, quase copiando.

[36] "A tese de Lacan é que o significante atua sobre o significado, e inclusive, em um sentido radical, o significante cria o significado, e é a partir do sem sentido do significante que se engendra a significação." Foi nessa concepção que nos apoiamos para configurar a importância desses significantes no campo da educação. MILLER, Jacques-Alain. *Percurso de Lacan: uma introdução*. 2 ed. Rio de Janeiro: Jorge Zahar Editor, 1988.

[37] Cf. Dissertação de Mestrado de Marcelo Ricardo Pereira "Da Sagrada Missão Pedagógica". Cap.1 (Ser professor, ser professora: o texto).

relações pedagógicas, e do que possa vir a ser ensinar. São eles o "De Magistro", de Santo Agostinho, no século IV, e o "De Magistro", de Santo Tomás de Aquino, no século XIII.

Mas se na Contra Reforma se pôde localizar uma marca de origem, cabe perguntar se esta não seria também uma marca de desenlace. É o que tentaremos perseguir, já que na historiografia podemos estabelecer um movimento de avanços e recuos, sempre na esperança — fugidia e cintilante — de construir um passado que ressignifique o presente diante de novas questões.

O "De Magistro" Agostiniano

> *"Mas quem é tão tolamente curioso que mande o seu filho à escola para que aprenda o que pensa o Mestre?"*
> (Santo Agostinho)

A problemática do mestre[38] em Santo Agostinho aparece de maneira sutil. O que primeiro chama atenção é que em momento algum da obra está exposto como deve ser o mestre: ele faz o mestre aparecer, agir, fazer conhecer.[39]

---

[38] Mestre é a tradução da palavra latina — *magistro* — para essa função a que damos o nome, comumente, de professor/a, e que por ser aquela que Santo Agostinho usa, e por fidelidade ao momento histórico, é a que usaremos daqui para frente. Não estou lançando mão, nesse ponto, de nenhuma das concepções que a Psicanálise tem de mestre.

[39] Para expor as idéias de Santo Agostinho sobre o ato de ensinar e a doutrina do mestre interior, basear-me-ei, a partir daqui, em: SAINT AUGUSTIN. *De Magistro*. Traduction, présentation et notes par Bernard JOLIBERT. Paris: Ed. Klincksieck, 1988.; LACAN, Jacques. *Seminário Livro 1*. 3.ed. Rio de Janeiro: Jorge Zahar, 1983. Cap.XX. De Locutionis Significatione.; GARCIA-ROZA, Luiz Alfredo. *Palavra e Verdade na Filosofia Antiga e na psicanálise*. Rio de Janeiro: Jorge Zahar, 1990 (Textos de Erudição & Prazer), pontuando aqui e ali informações vindas da literatura da área de História da Educação. Em português, o "De Magistro" pode ser encontrado na coleção Os Pensadores. *Santo Agostinho*. 1.ed. São Paulo: Abril Cultural, 1973. p.319.

Santo Agostinho nasceu em Tagaste em 354 e essa obra foi escrita em 389, quando já inserido no mundo cristão, depois de uma vivência profunda do mundo profano e do mundo religioso não-cristão (maniqueísmo). Sua formação vai ser cunhada por influência de sua mãe, que é cristã (conhecida depois como Santa Mônica), e de seu pai, Patrício, que não é cristão, mesclando assim, em todas as suas obras, princípios religiosos e instrução profana, ou seja, filosofia antiga grega e romana.

O "De Magistro" é um diálogo entre pai, (o próprio Agostinho) e filho (Adeodato, seu próprio filho); tem 14 capítulos divididos em 46 itens. O diálogo tem dois eixos centrais: em um mostra o papel e os limites da linguagem na educação; em outro, aborda o papel que tem o mestre nesse processo e seus limites.

Na primeira parte, mostra que toda reflexão sobre os signos não pode estar fechada em uma análise formal e técnica. Ensinar se reduziria a transmitir os signos, comunicar, informar? De onde o signo tira seu valor?

Para Santo Agostinho, falar não consiste simplesmente em dizer não importa o quê, a ensinar o verdadeiro pelo falso e o falso pelo verdadeiro. Falar é falar de alguma coisa; ensinar, ensinar alguma coisa que pode ser verdadeira ou falsa, aceita ou refutada pelo auditor. As palavras não têm sentido para nós senão se conhecemos antecipadamente as coisas que lhes correspondem... Os signos que servem para designar as coisas pressupõem um conhecimento precedente, uma noção primeira que não é trazida pelo signo, mas ao contrário serve de referência a esse signo. Assim, os signos não ensinam nada... Situação paradoxal em que se mostra, de uma parte, que as palavras são necessárias ao ensino, que não se pode passar sem elas, mas de outro lado, elas não ensinam nada... O discurso de qualquer um é sempre na medida da minha própria experiência... é preciso distinguir no ensino a audição pura e simples da compreensão e do reconhecimento, pelo discípulo, do valor do discurso do mestre. Este último, é o autor dos signos, mas quem é o autor dessa compreensão?

Eis a aporia levantada: nada se ensina sem o signo, mas os signos nada ensinam! Se os signos não ensinam nada, entretanto indicam, orientam os olhos em tal ou qual direção, convidando-nos a ver o que escapava ao nosso olhar. O signo não 'transporta' nem informação, nem verdade, apenas permite orientar a visão do discípulo, de tal maneira que este último descobre *interiormente* se lhe dizem a verdade. Toda compreensão supõe que exista uma verdade primeira em nós.

É a descoberta que a relação de ensino é uma relação triádica que conduz Santo Agostinho a estabelecer sua doutrina da verdade interior. Tudo que é exterioridade remete à interioridade; o sinal verbal remete a um conhecimento que tem ele mesmo seu objeto naquilo que Santo Agostinho chamou de *mestre interior.*

Assim, não somente toda troca verbal é vertical, mas além disso é "triangular". Para dialogar, é preciso não dois, como poderia parecer, mas três: o mestre (aquele que faz signo), o aluno que o percebe e a verdade comum que faz com que o conhecimento seja reconhecido como certo ou, ao contrário, como falso.[40]

Também na psicanálise, a relação é triádica e não diádica: na análise não há somente o paciente. Se é dois — e não apenas dois. No mesmo "Seminário Livro 1", mais à frente, Lacan vai dizer: "Se a palavra é tomada como ela deve ser, como ponto central de perspectiva, é numa

---

[40] Essas idéias são um resumo do "De Magistro" e também do que vem apresentado por Bernard Jolibert, na Introdução à versão francesa.

relação a três, e não numa relação a dois, que se deve formular, na sua completude, a experiência analítica.[41]

No ensino, esta verdade está não apenas no mestre, mas também no aluno, se não como este último poderia reconhecer a verdade disso que lhe ensina?

A doutrina do Mestre interior é o objeto da segunda parte do belo texto. Como conciliar o fato de que os signos sejam, ao mesmo tempo, necessários a toda comunicação e impotentes para transmitir o menor conteúdo real do saber?

A razão é que ensinar quer dizer, etimologicamente, *in-signare* — fazer sinal. Ensinar é apenas indicar em qual direção levar o olhar, de tal maneira que o saber venha interiormente, ou revenha à consciência daquele que nele perceba o sinal. O ensinante não transmite, ele desperta. O verdadeiro, de acordo com sua etimologia grega (*alétéia*), não se transporta, descobre-se.

A palavra é o instrumento pelo qual a inteligência se orienta em direção à verdade. O privilégio da palavra em relação a outros signos possíveis (coisas, imagens, símbolos, índices, sinais materiais) é que contrariamente a esses últimos, ela não é vista, mas contém uma dimensão que convida a ultrapassar o uso sensível. A palavra é o sinal concreto de um conteúdo abstrato, o signo sensível particular de um sentido geral. Como ferramenta é imperfeita; não dá tudo. No entanto, é a única que temos. Despertando na criança a faculdade de pensar, a palavra a conduz em seguida a uma espécie de ascese interior, ao reconhecimento do verdadeiro. Etapa obrigatória do ensino, o signo não é nem o essencial, nem o fim. Quanto a este, a palavra

---

[41] LACAN, Jacques. *O Seminário: Livro 1: Os escritos técnicos de Freud*. 1953-1954 — texto estabelecido por Jacques-Alain Miller. 3.ed. Rio de Janeiro; Jorge Zahar Editor, 1986 (p.10 e p.20 para as citações acima). Considero este seminário importante para ampliar a compreensão do que é História e para o pensamento de Santo Agostinho.

remete-nos a uma conversão na direção da interioridade, isto é, ao reconhecimento dessa verdade do Ser que apenas o Mestre interior pode fazer descobrir.

Só se pode ensinar a um ser capaz de julgamento, e ensinar é apenas convidar a exercer o princípio mesmo da atividade do pensamento e o critério que permite apreciar o valor das idéias representadas, isto é, o verdadeiro como sentimento de evidência. As condições de possibilidade do ensino implicam na participação comum dos espíritos a uma mesma verdade. Se compreendemos, é que somos na verdade co-discípulos de um mesmo mestre, é que nosso ser é fundamentalmente o mesmo, apesar das diferenças acidentais, individuais ou culturais. Não é porque os signos nos são comuns que nós dialogamos, mas porque o espírito é o mesmo. O Mestre interior é o mesmo em cada um de nós. Sua identidade despassa as diferenças individuais acidentais.

A tese de Santo Agostinho parece repousar sobre a idéia fundamental de que a minha verdade de indivíduo, como aquela de todos os outros, tomadas individualmente, só é verdade porque é consubstanciada à única e absoluta Verdade que habita cada um de nós.

É possível encontrarmos essa reflexão contemporaneamente. Bourdieu[42] ensina-nos alguma coisa de semelhante ao que dizia Santo Agostinho:

> "Aquele ao qual se fala é alguém que tinha em estado potencial alguma coisa a dizer e que só o sabe quando isto lhe é dito. De uma certa maneira, o profeta não anuncia nada; ele só prega aos convertidos. Mas pregar aos convertidos também é fazer alguma coisa. É realizar essa operação tipicamente social, e quase mágica, este reencontro entre um já objetivado e uma espera implícita, entre uma linguagem e as disposições que só existem em estado prático".

---
[42] BOURDIEU, 1983. p.128.

Também ouvindo a psicanálise, estabelecemos uma atualização de Santo Agostinho, em um novo patamar de entendimento, para o que possa vir a ser o Mestre Interior:

> "É também o Outro da verdade, esse outro que é um terceiro em relação a todo diálogo, porque no diálogo de um com outro sempre está o que funciona como referência, tanto do acordo quanto do desacordo, o Outro do pacto quanto o Outro da controvérsia. Todo mundo sabe que se deve estar de acordo para realizar uma controvérsia, e isso é o que faz com que os diálogos sejam tão difíceis. Deve-se estar de acordo em alguns pontos fundamentais para poder-se escutar mutuamente. A esse respeito esse Outro da boa fé suposta está presente a partir do momento em que se escuta alguém, suposto também a partir do momento em que se fala a alguém. É o Outro da palavra que é o alocutário fundamental, a direção do discurso mais além daquele a quem se dirige. A quem falo agora? Falo aos que estão aqui, e falo também à coerência que tento manter. A teoria da comunicação esquece algo: no lugar do código, no local em que está o código, é que se elabora fundamentalmente a mensagem. [...] na comunicação humana o emissor recebe sua mensagem do receptor de forma invertida. O Outro de Lacan é também o Outro cujo inconsciente é o discurso, o Outro que no seio de mim mesmo me agita e por isso é também o outro do desejo, do desejo como inconsciente, esse desejo opaco para o sujeito, acerca do qual pede em certos casos, que lhe informem, recorrendo à cura psicanalítica. Mas ninguém, salvo ele mesmo, pode informar-lhe acerca do seu desejo através do circuito dessa comunicação que, vocês podem ver, não é a comunicação linear que se representa na teoria da comunicação."[43]

Para Santo Agostinho, o processo educativo é da ordem da interioridade porque o verdadeiro se acha na "alma", entendida como memória de si. A teoria agostiniana do

---

[43] MILLER, Jacques-Alain. *Percurso de Lacan*. p.22.

conhecimento e da comunicação conduz à idéia de que cada um, possuindo o instrumento de sua liberação intelectual e moral, pode, e deve poder, ele mesmo prover sua própria salvação. Nada de mestre, de chefe espiritual, de guia, de guru; cada homem dispõe, em si mesmo, de uma luz capaz de tornar clara sua marcha e de conduzi-lo à evidência da verdade. O mestre ensina a aprender. O signo mostra, mas ele não contém nada. A medida última do signo está em nós. Esse humanismo supõe o homem livre, no sentido de que ele não é totalmente indeterminado (anjo) nem totalmente determinado (coisa), mas capaz de agir sobre ele mesmo no sentido do melhor, porque ele pode *reconhecer nele mesmo a marca de sua insuficiência.*

A idéia da insuficiência me parece uma das mais importantes na teoria pedagógica de Santo Agostinho. Teremos a oportunidade de confrontá-la com algumas idéias sobre o mestre da Contra Reforma que, ao contrário, não lida com a insuficiência, a incompletude, mas consciente dela (em algum ponto) faz tudo para suturá-la, tamponá-la.

O pensamento agostiniano marcará toda a Idade Média e Santo Tomás de Aquino retomará, nove séculos mais tarde, no ponto de partida de sua reflexão, o pensamento de Santo Agostinho, naquilo que este tomou, não de Plotino ou dos neoplatônicos, mas de Mateus, o Evangelista: "Não vos chameis de Mestre porque tendes um só Mestre, o Cristo." A obra, impregnada de tradição religiosa, pode aparecer como uma resposta historicamente situada, mas não impede que a questão que a motiva permaneça ainda a nossa: é aquela das condições de possibilidade do ensino, de possibilidade de toda comunicação que apele aos signos privilegiados, que são as palavras.

O "De Magistro" de Santo Tomás de Aquino

O "De Magistro" é um tratado breve, dividido em quatro artigos, e foi escrito por volta do ano de 1257. Faz parte de uma série de estudos sobre a Verdade, *De Veritate*, relativos à teoria do conhecimento.[44] Pode ser tomado como um exemplo clássico do plano de aula, como um método lógico de estrutura silogística exigente; sóbrio, impessoal. Já por aí se vislumbram algumas diferenças com o "De Magistro" agostiniano, que, ao longo da obra, tenderão a se mostrar mais evidentes.

A tese central em relação à posição do/a professor/a é a de que, não só a verdade é possível, mas que também o homem é capaz de adquiri-la. Onde está a verdade e os meios de sua aquisição são questões que medem a distância entre um e outro pensador. Interessa-nos aqui o artigo primeiro em relação à questão geral:

Pode o homem ensinar e ser chamado Mestre, ou só Deus?

Ora, é evidente a alusão à questão já debatida por Santo Agostinho, mas em Santo Tomás ela se aprofunda em outra direção. A dimensão triádica do ensino, tão importante naquele, desaparece, pois ensinar supõe que alguém que já possua a ciência conduza o educando a adquiri-la. A idéia de *conduzir* é importante, pois dela poderá advir uma requintada metodologização.

Quanto à pergunta, resumo a resposta da seguinte maneira: há dois modos de adquirir a ciência: um, quando a razão natural por si mesma descobre o desconhecido e chama-se invenção; outro, quando se presta auxílio à razão natural e este chama-se disciplina. O processo da razão na descoberta do desconhecido consiste em aplicar

---

[44] Usei a versão italiana aos cuidados de Mario CASOTTI. *La Scuola*. Editrice Brescia. [s.d.].

os princípios gerais imediatamente conhecidos a determinadas matérias, e daí proceder a certas conclusões particulares, e dessas, a outras. Um homem causa em outro a ciência, graças à cooperação natural deste último. E isso é ensinar. Em tal sentido, se afirma que um homem ensina o outro e é seu mestre.

No artigo II (poderá alguém ser chamado Mestre de si mesmo?), conclui a questão precedente, dizendo que alguém de certo modo causa sua própria ciência, não porém que se ensine a si mesmo ou possa ser chamado o próprio mestre. O homem, por ser naturalmente igual a outro homem pela essência específica da luz intelectual, de nenhum modo pode ser causa da ciência do semelhante, no sentido de infundir ou aumentar-lhe a luz intelectual. Se bem que, enquanto a ciência do que ignoramos resulta dos princípios imediatamente evidentes, o homem, de certo modo, pode causar o saber no semelhante, não por incutir-lhe o conhecimento dos princípios, mas por atualizar o que neles estava implícito e como que potencialmente incluído, *por meio de sinais sensíveis propostos dos sentidos exteriores*. É a exterioridade que marca sua contraposição à interioridade agostiniana.

Indissociável de toda sua argumentação em torno das relações entre a fé e a razão é a idéia de que a educação é antes de tudo disciplinadora das disposições práticas, e é com base nisso que constrói um sistema metodológico. Assim, Santo Tomás não apenas valoriza a ação do Mestre, mas também a orienta na direção intelectualista, verbalista e metodologizada.

Percebe-se aí uma primeira disjunção em relação à concepção agostiniana, pois que se há relação triádica, o papel do terceiro será exercido não pela Verdade ou pelo Mestre Interior, mas sim pelo método que possibilitará uma melhor atuação do mestre exterior ou, repetindo o que se disse acima, "por meio de sinais sensíveis propostos dos sentidos exteriores". Como se vê, estamos longe da aporia levantada por Santo Agostinho — os signos não ensinam, mas não se ensina sem os signos — e mais longe ainda da idéia de que é o mestre interior que possibilita o ensino.

É nessa vertente intelectualista e verbalista que a Contra Reforma se apoiará e constituirá sua tradição claramente tomista.

Na Contra-Reforma

A Igreja Católica teve de lutar contra o sucesso da Reforma para preservar seu lugar hegemônico de condução das almas, e o Concílio de Trento foi o ponto de onde foi emitida a possível e buscada convergência. Talvez em nenhum outro momento a idéia de que catolicismo significa, etimologicamente, *universal* tenha estado tão presente. O esforço para integrar o cristianismo na vida cotidiana, ao vivido e, por outro lado, para submetê-lo à disciplina e autoridade da Igreja, foi grande e bem-sucedido. Homens — e mulheres — exercem trabalhos intelectuais de criação e recriação de doutrinas e interpretações. Vozes pós-tridentinas marcam também a criação das práticas de piedade coletiva. É preciso reformar o mundo. A assistência obrigatória à missa, aos domingos e dias de festas, caracteriza por excelência o pertencimento à Igreja Romana. Inicialmente, a missa fora uma solenidade individual, horas a serem preenchidas com o debulhar dos terços e orações individuais, que aos poucos se coletiviza. As orações, com as quais se inicia o ofício, são declamadas, em conjunto, por todas as pessoas presentes: é preciso rezar pelos mortos, pelo Papa, pelo Rei e o senhor do lugar; em seguida, o Padre Nosso, a Ave Maria, o Credo, os mandamentos de Deus e da Igreja e as instruções. Os catecismos passaram a preparar os fiéis para uma crescente adesão à doutrina, à necessária reforma dos costumes e mentalidades, à liturgia que aos poucos vai sendo modificada. Os missais com texto em latim e na língua vernácula facilitavam a participação dos fiéis. Assim, a partir de então, a palavra tem um valor em si. As palavras do Mestre que soam por fora, de fora, não buscam infundir ciência, apenas crença, mas crença é o que, particularmente, naquele momento histórico, se busca. Crença e adesão.

Os estudos dos catecismos e a aprendizagem dos primeiros saberes dependerão do mestre exterior — aquele que professa a boa nova, a verdade (o professor, a professora) — e do saber que ele porta e leva aos ouvintes (alunos, fiéis). As razões da reserva da Igreja Católica ao uso do livro por todos também se aplicam à própria concepção de mestre. Uma delas é propriamente teológica: a fé vem do ouvido e implica que o pregador seja um intermediário obrigatório entre a Escritura e os fiéis. Uma lição dura cerca de uma hora. As crianças são interrogadas sobre as questões e devem memorizar as respostas. Os comentários, abundantes, constituem ilustrações através de histórias, parábolas e comparações. A doutrina se inspira tanto na prédica quanto na lição de catecismo. O objetivo: reconquista das almas e doutrina do clero. A catequese e a escolarização das crianças estão no centro desse dispositivo. A escola torna-se a estrutura privilegiada dessa transmissão e será reconhecida como capaz de conduzir a uma educação espiritual.

A posição do mestre nessas condições vai ser diferente das sustentadas anteriormente. De uma posição exterior que pedagógica e teologicamente assumia, passa a ser modelo posto na exterioridade, e o saber que advém da palavra passa a ser transmitido por meio de métodos cada vez mais requintados. Ao longo de três séculos, não se acaba de inventar, reinventar, criar e recriar... mais ou menos os mesmos. A salvação e o merecimento da eternidade podem ser alcançados através das boas obras, das boas palavras, mas sobretudo do bom cumprimento do bom modelo. É nesse sentido que a Pedagogia vai se esmerar, criando regras de conduta e normas do que é ser um bom professor, uma boa professora, que terá como missão a mais justa correção daqueles a que compete educar. Pelos séculos afora — sem nenhum exagero — serão reiterados preceitos que aí têm a sua origem; pelos séculos afora, a prática pedagógica mais bem acabada será aquela que melhor der conta da insuficiência e que lidar melhor com a intermediação, seja ao nível dos métodos, seja ela ao nível da formação do mestre. Um a serviço do outro, e cada vez mais.

> "A topografia não conhece favoritos; tão perto o Norte quanto o Oeste. Mais delicadas que as dos historiadores são as cores dos cartógrafos." (Elisabeth Bishop)

Esse texto e a Tese que o antecedeu tiveram na base "O trabalho da citação".[45] Tesoura e cola na mão, extração, mutilação, muitas fichas, categorização, embaralhamento, organização, reorganização. Desmanchamento de certos mundos e formação de outros. Uma cartografia que buscava acompanhar os movimentos de transformação da paisagem. Destruição de um discurso, construção de outro, de um outro. Com perdas, tropeços, dúvidas e ganhos. A partir do que o autor sabia e ofereceu, capto e escrevo aquilo de que ele nada sabia; ofereço ao meu leitor isso, de que nada sei, para que se sirva.

Uma educação possível será aquela sem iluminados, sem profetas, sem missão a cumprir. Quem estiver disponível à sua prática, também deverá estar disposto a sair do lugar da onipotência, para ocupar o lugar do "claudicante". Mas, a ausculta e consciência do "sintoma" da pedagogia podem levar ao imobilismo, e esvaziar a educação do sentido e importância que ela de fato tem, se não se lança mão de um saber, capaz de fazer com que,

---

[45] Cf. COMPAGNON, Antoine. *O trabalho da citação*. Belo Horizonte: Editora UFMG, 1996.

mais do que exercer essa prática histórica, possamos compreendê-la. A Psicanálise se oferece como uma saída. Um saber que deverá ser esquecido, pois à prática pedagógica ele não servirá,[46] já que não se trata de aplicação. Estranho paradoxo, semelhante ao proposto por Santo Agostinho, para quem os signos não ensinam, mas não se ensina sem os signos...

Referências bibliográficas

ALMEIDA JUNIOR, A. *A escola pitoresca*. 2.ed. São Paulo: Nacional, 1951.

BENJAMIN, Walter. A doutrina das semelhanças. In: *Magia e técnica, arte e política*. São Paulo: Brasiliense, 1985. (Obras escolhidas).

BONNET, Monsieur. *Conférence*. (Supérieur Général de la Compagnie des Filles de la Charité de St. Vincente de Paul — 19 de set.1727) apud LOPES, E.M.T. Da Sagrada Missão Pedagógica.

BOURDIEU, Pierre. *Questões de sociologia*. Rio de Janeiro: Marco Zero, 1983.

CARPENTIER, Marie. *Conseils sur la direction des Salles d'Asile*. Paris: Hachette,1847.

COMPAGNON, Antoine. *O trabalho da citação*. Belo Horizonte: Editora UFMG, 1996.

COSTA, Firmino. *A educação popular*. Belo Horizonte, Imprensa Oficial, 1918. (Conferência proferida no festival que se fez no Theatro Municipal de Belo Horizonte, em benefício da Caixa Escolar Dr. Estevam Pinto, do Grupo Barão do Rio Branco).

FONTOURA, Afro do Amaral. *Didática geral*. 2.ed. Rio de Janeiro: Aurora, 1963.

FREUD, S. *Moisés e o monoteismo*. Parte II — G.Verdade Histórica. (Edição Eletrônica)

_____. Obras Completas. Tomo III.

---

[46] Cf. LACOMBE, Fábio Penna. O Esquecimento da Teoria. in: SODRÉ, Muniz (Org.). *Clínica e Sociedade*. Rio de Janeiro: Gryphus, 1992.

FREUD, S. *O futuro de uma ilusão*. Rio de Janeiro: Imago, 1974. (Edição Standard das Obras Psicológicas Completas de S. Freud, v. XXI).

GINZBURG, Carlo. *Mitos, emblemas e sinais*. Morfologia e história. São Paulo: Cia. das Letras, 1989.

LACAN, J. *Seminário Livro 1 Os escritos técnicos de Freud* 1953-1954. 3.ed. Rio de Janeiro: Jorge Zahar Ed., 1983.

LACOMBE, Fábio Penna. O Esquecimento da Teoria. in: SODRÉ, Muniz (Org.). *Clínica e sociedade*. Rio de Janeiro: Gryphus, 1992.

LEDÓCHOWSKA, Teresa. *Angela Merici e a Companhia de Santa Úrsula à luz dos documentos*. 1972.

LOPES, Eliane M. T. *"Da Sagrada Missão Pedagógica"*. Tese aprovada em Concurso para Professora Titular — Faculdade de Educação, UFMG (dat.) 1991.

_____. Religião e Educação na Formação da Professora. Educadora de mulheres: as Filhas da Caridade de São Vicente de Paulo: Servas de pobres e doentes, mães espirituais, professoras. In: BITTENCOURT, Circe. *Educação na América Latina*. São Paulo: Expressão e Cultura, 1996.

LUZURIAGA, Lorenzo. *Pedagogia*. 3.ed. São Paulo: Nacional, 1961.

MISTRAL, Gabriela. Oração do mestre. *Revista do Ensino*. Belo Horizonte, Inspetoria Geral da Instrução, VII (95): 01-02, out., 1933.

_____. Microsoft® Encarta® 96 Encyclopedia. © 1993-1995 Microsoft Corporation.

MONTEIRO, Marta Nair. Ao professor. *Estado de Minas*, Belo Horizonte, 15 out. 1963.

NOVAES, Adauto. De Olhos Vendados. In: NOVAES, Adauto (Org.). *O olhar*. São Paulo: Cia. das Letras, 1988.

ORTIZ, Renato. *Sociologia*. São Paulo: Ática, 1983.

PAZ, Pedro. Ser professor. In: *Revista do Ensino*, Belo Horizonte, Inspetoria Geral de Instrução, VI. (78). dez. 1932.

TAVARES, Hênio. Missão Cumprida. *AMAE Educando*. Belo Horizonte, Ano 3, n.20, out. 1970.

Ensinar:
do mal-entendido ao
inesperado da transmissão

João Batista de Mendonça Filho

A admissão de que existe uma diferença entre o transmitir e o informar é o ponto de partida deste trabalho. Afinal, se existe um axioma em Educação, este é a constatação de que o aluno aprende com o professor. Mas afinal, o que é que o aluno verdadeiramente apreende? Será que o processo educativo se resume na acumulação de dados? Creio que nenhum educador concorda com isso, pois a enorme importância que é atribuída à Educação durante o desenvolvimento histórico cultural da humanidade demonstra que ela é bem mais que um processo informativo. É claro que todos sentem necessidade de deter certas informações que venham possibilitar a interação com a sociedade, com a cultura, com o trabalho, etc.. Mas, mesmo que a adaptação seja um efeito inevitável do educar, ela não aglutina em si o objetivo da Educação que pode ser sintetizado como sendo o de levar à produção de uma relação com o saber. E é precisamente nessa relação que se sustenta a diferença entre transmitir e informar.

Quando veiculamos uma informação, torna-se passível de ser avaliada em sua aprendizagem. Disso ficamos cientes por meio da teoria da comunicação. A metodologia educacional, essencialmente a didática, tem dedicado, nos últimos três séculos, inúmeros esforços na tentativa de alcançar o controle sobre esse tipo de situação, e fazer com que a mensagem emitida pelo professor possa ser recebida pelo aluno com a menor perda possível. Porém, quando essa situação ideal não se (re)produz na prática, a expectativa da explicação do porquê a comunicação não ocorreu do modo esperado recai no campo da Psicologia, e é explicada, via de regra, por um desajuste emocional/intelectual ou do professor, ou do aluno. Durante todo esse processo, o que é levado em consideração é a condição de que o saber é sempre algo consciente, de que é pertinente ao "eu" e passível de controle e de avaliação.

Na realidade, a idéia de que possa existir um saber do qual o "eu" nada sabe, não sujeito a controle, isto é, a noção de Inconsciente é ainda tomada como estranha ao campo da Educação. Nesse espaço, o Inconsciente só adentra quando distorcido em inconsciência; algo que, em última instância, possa ser convertido em consciência. Tal desvio mantém de fora toda e qualquer possibilidade de interlocução entre Psicanálise e Educação, o que significa dizer que muito do que os educadores têm referido como sendo Psicanálise, na realidade não é. Resulta dessa exclusão a ausência de posição da Educação diante da ocorrência de um saber que não sabe de si, um saber que, mesmo sendo estranho ao eu, sustenta o verdadeiro desejo tanto de aprender quanto de ensinar. Assim, mesmo que a educação consiga alcançar êxito sobre a aquisição do conhecimento pelo viés da informação, escapa-lhe o pensar a transmissão pela via de um saber que não se sabe.

Ao admitir que transmitir é mais do que veicular informação e, além disso, que a transmissão ocorre por uma vertente que escapa ao saber consciente — o saber que sabe de si —, procuro incluir no universo da Educação a necessidade de que o sujeito venha a ser pensado como um sujeito dividido, um sujeito que não corresponde ao que é estabelecido pelo cogito cartesiano. A constatação dessa cisão conduz à compreensão de que o acúmulo de saber por si só não torna ninguém menos ou mais apto para ensinar, já que a transmissão pode ocorrer por uma via que escapa a própria consciência. Reapresento, assim, o pensamento de Freud, exposto em "O Interesse Científico da Psicanálise",[1] de que só pode ensinar aquele que está capacitado a entrar na alma de seu aluno.

A transmissão é um fenômeno que não pode ser pensado exclusivamente na concepção da existência de um diálogo que se realiza em plenitude tanto para quem fala quanto para quem escuta. Para tentar formalizar um outro dizer sobre ela, é necessário que se recorra a certas antíteses, buscando em significações opostas a possibilidade de aproximação, pouco a pouco, de uma outra forma conceitual.

Nesse sentido, tomarei aqui uma dessas oposições que apenas posteriormente se revela como tal. Refiro-me ao ato de ler e ao ato de aprender. Creio que em um primeiro momento a maioria tome um como decorrente do outro, mas em um texto intitulado "Sobre a Leitura", Roland Barthes escreve: "Não falo pois das leituras 'instrumentais', que são necessárias à aquisição de um saber, de uma técnica, e segundo as quais o acto de ler desaparece sob o acto de apreender;...".[2] É necessário observar que Barthes é categórico ao dizer que, no que se refere ao instrumental, o ato de apreender faz desaparecer o ato de ler.

É surpreendente! O senso comum toma o ler como uma das formas privilegiadas de aprender, os alunos dedicam horas — pelo menos é o esperado — à leitura de textos didáticos e, quando finalmente apreendem, surge Barthes a nos dizer, sem a menor cerimônia, que nesse

---

[1] FREUD, 1974. v.XIII.

[2] BARTHES, 1987. p.33.

processo o ato da leitura desapareceu! E pior! Ele não está sozinho nessa afirmativa. Umberto Eco, ao comentar o romance "I Promessi Sposi" de Alessandro Manzoni e sugerir sua leitura, observa: "Quase todos os italianos odeiam esse livro porque foram obrigados a lê-lo na escola".[3] Tal observação não deixa de indicar que, apesar de ter sido lido por uma maioria, a obra literária, quando transformada em "leitura didática-instrumental", permanece inédita para seus "leitores colegiais".

Mas em que sentido essa desconcertante afirmação pode acrescentar algo à idéia de transmissão? A resposta, por mais óbvia que seja, é de que acrescenta a partir do momento em que podemos incluir a própria leitura como um meio de transmissão. Tomemos como exemplo um texto, ou melhor, uma carta, uma missiva. A etimologia revela, então, um radical que nos é familiar: *missus*, o particípio passado de *mittere*. Trata-se do mesmo enviar (*mittere*) ao qual aglutinamos o *trans* para poder dizer transmitir, e que está presente em outras tantas palavras como missa, missão, missionário, míssil. Aliás, missiva advém do francês *lettre missive* o que, se por um lado resulta em pleonasmo — no caso de uma tradução ao pé da letra —, por outro mantém intacta a idéia de como se processa a transmissão por um escrito: enviar a letra. Podendo ainda revelar um sentido mais ousado para esse mesmo processo como em *l'être missive*.[4]

---

[3] ECO, 1994. p.58.

[4] Em um texto intitulado: "A instância da letra no Inconsciente ou a razão desde Freud", Jacques Lacan se vale da homofonia entre *la lettre, l'être e l'autre* para dizer, respectivamente, da letra, do ser e do outro. Para preservar a homofonia, os tradutores do texto para língua portuguesa optaram por sacrificar o sentido traduzindo essa parte do texto por: o ponto, o onto, o outro (LACAN, J. Escritos. Ed. Perspectiva, 1978. p.254). Já para o espanhol os tradutores optaram pela manutenção do sentido, traduzindo por: *La letra, el ser y el outro* (LACAN, J. Escritos. Ed. Siglo Veintiuno, 1984. p.505). Optei por manter o termo em francês para preservar a homofonia e simultaneamente expressar a duplicidade de sentido que permite *L'être missive*: enviar a letra, o ser, ao outro.

A partir daí imaginemos a seguinte situação: alguém que vive sob um regime de governo totalitário deseja enviar uma carta a um amigo dizendo sobre a situação política em que vive. Evidentemente, o autor sabe que sua correspondência será censurada, que sua carta será aberta e lida por "rigorosos censores". Claro, ele poderá escrever em código, mas essa solução apresenta dois grandes inconvenientes. Primeiro, é necessário que seu interlocutor possua a chave para restituir ao código seu sentido original e, segundo, se o censor não for um idiota, ele terá sua imaginação despertada pelo *nonsense* do código e saberá, mesmo sem ser capaz de descobrir o sentido, que ali está contido algo "proibido".

A alternativa que restaria ao nosso escritor seria a de tentar dizer da situação em que vive através de uma forma que o destinatário fosse capaz de compreendê-la e o censor não. Isto é, atribuir à carta um lugar que não seja o da ordem do aprendido. Na história recente do Brasil, no período da ditadura militar, encontramos na música popular uma série de composições que ilustram bem esse exemplo. Existe algo nas chamadas músicas de protesto, que obtiveram êxito em burlar a censura, que só é transmitido pela leitura, pela letra, algo que só é sensível à escuta. Pode-se, então, supor, a partir de Barthes e Eco, por indução, que assim como o aprender exclui o ler por sobreposição, do mesmo modo, o informar exclui a transmissão.

Um exemplo semelhante sobre a censura é utilizado por Freud na Conferência IX, "A Censura dos Sonhos". Ao falar sobre interpretação dos sonhos, com a finalidade de esclarecer de que forma a censura modifica o desejo produtor do sonho, ele escreve o seguinte:

..."Nos dias atuais, não é preciso ir longe. Tomem qualquer jornal político e verificarão que aqui e ali o texto está ausente e, em seu lugar, não se vê nada mais que papel em branco. Isto, como sabem, é obra da censura da imprensa. Nos espaços vazios havia algo que não agradou às autoridades superiores da censura, e por este motivo foi removido..."

"Noutras ocasiões a censura não funcionou em uma passagem depois de esta já estar pronta. O autor viu com antecedência quais as passagens que se podia esperar suscitassem objeções da censura e, por esta causa, antecipadamente moderou o tom das mesmas, modificou-as ligeiramente ou se contentou com aproximações ou alusões àquilo que originalmente teria fluído de sua pena..."[5]

Freud ainda ressalta a existência de uma terceira forma de ação da censura para a qual essa analogia não é válida. Trata-se da produção de uma nova forma de agrupamento do material onírico na qual a ênfase é retirada dos pontos essenciais e deslocada para outros elementos de modo que "com esse novo agrupamento dos elementos de conteúdo, o sonho manifesto ficou tão diferente dos pensamentos oníricos latentes, que ninguém suspeitaria da presença destes atrás daquele."[6]

Ao esclarecer a forma de ação da censura, poderemos avançar um pouco mais em direção à idéia de transmissão. Se fosse possível "desconectar" o Inconsciente, poderíamos conceber a existência de um processo de transmissão que agisse exclusivamente segundo as regras da teoria da informação. Nesse caso, o ruído causado pelo "subjetivo" seria atenuado, ou mesmo excluído, desde que emissor e receptor se adequassem ao método proposto. Entretanto, essa premissa não será verdadeira se considerarmos a existência do Inconsciente, tal como a Psicanálise o propõe.

---

[5] Cf. FREUD, *Conferências Introdutórias Sobre Psicanálise*, p.168-169.

[6] Idem, p.169.

Como a censura atesta, o Inconsciente freudiano é, acima de tudo, inassimilável ao "Eu". Dito de outra forma, o Inconsciente é o que o "Eu" censura para, por meio dessa metabolização,[7] torná-lo apreensível a si, em uma tentativa de buscar alcançar uma significação sobre esse Outro que a ele se manifesta, de modo incessante, como enigma. Em síntese, o "Eu" não conhece outra realidade, interna ou externa, que não aquela produzida dentro de seu próprio esquema relacional como inteligível. Tal condição determina a impossibilidade de apreender, em totalidade, o que na realidade o o(O)utro quer dizer. Tudo o que apreendemos é o que o "Eu" foi capaz de compreender de modo inteligível a ele mesmo. Esse processo, contudo, deixa sempre um resto, uma falta presente no enunciado que remete sempre à condição de querer dizer mais alguma coisa. Assim, a idéia de ter apreendido a totalidade do objeto não passa de uma ilusão do Eu de ter alcançado pleno sucesso na interpretação do o(O)utro.

A censura é um rastro da impossibilidade do "Eu" em realizar a assimilação do que é Inconsciente, e não é por acaso que, ao seguir essas pegadas, Freud estabeleceu as formas por meio das quais o Inconsciente se manifesta: os sonhos, o sintoma, os chistes, os atos falhos, e os lapsos de língua. Tais manifestações apontam com insistência a ocorrência de lacunas em nossa vida mental consciente, vazios que denotam a existência de um o(O)utro texto do qual o "Eu" nada sabe porque não lhe é possível lê-lo. Esse o(O)utro texto, entretanto, não cessa de se manifestar como um saber que não sabendo

---

[7] "...Podemos definir trabalho de metabolização como a função pela qual um elemento heterogêneo à estrutura celular é rejeitado ou, ao contrário, transformado num material que se torna a ela homogêneo. Esta definição pode se aplicar rigorosamente ao trabalho que efetua a pisque, com uma única diferença: neste caso, o elemento absorvido e metabolizado não é um corpo físico, mas um elemento de informação." AULAGNIER, Piera. A Violência da Interpretação — do pictograma ao enunciado, Rio de Janeiro: Imago Editora, 1979. p.27.

de si, exige que se produza um sentido para ele; e quantos sentidos já não foram, e ainda são fornecidos ao sonho, por exemplo?!

É, então, esse o(O)utro texto, essa exigência da busca de significação que o "Eu" também produz para o outro, a expectativa de que este nos diga de nosso desejo; afinal, um dia o outro nos impôs, não sem a necessária violência, o seu desejo como resposta a nossa necessidade.[8] Contudo isso não se faz a partir de um código restabelecedor de uma tranqüilizante significação, pois o que o Inconsciente envia para o "Eu" são cifras. Não existindo um texto oculto a ser decifrado, o lugar dado ao semelhante, para além da informação, é o da invenção. Lugar, aliás, que os analistas não teriam dificuldade em reconhecer como sendo o da interpretação; "se o inconsciente cifra, o psicanalista não decifra, ele inventa..."[9]

Não é difícil, então, compreender em que sentido o ato de apreender exclui o ato de ler. Tomemos o exemplo de um aluno que "lê" um romance como tarefa de uma aula de literatura. Sua leitura estará previamente condicionada pelas instruções fornecidas a ele pelo professor; toda a leitura tenderá à busca de algumas respostas corretas sobre questões formuladas previamente sobre o estilo, os personagens, o conteúdo, etc.. O professor, ao esperar respostas corretas, antecipou o tempo de compreensão do aluno, e toda interpretação do aluno não faz senão confirmar a palavra do mestre. Nesse sentido, o

---

[8] "O efeito de antecipação da resposta materna está presente desde o inicio; o efeito antecipador de sua palavra e do sentido que ela veicula, deverá ser, posteriormente, apreendido pela criança. [...]Para que o psiquismo infantil entre em ação, é preciso que ao seu trabalho se acrescente o da função de prótese do psiquismo materno, comparável à prótese que representa o seio, enquanto extensão do próprio corpo..." (AULAGNIER, op. cit. p.38)

[9] NASIO, Juan David. La voz y la interpretacion, Ediciones Nueva Vision, Buenos Aires, 1980 Apud BORGES, Fábio. Transmissão: Uma Questão? In: *Reverso, Publicação do Círculo Psicanalítico de Minas Gerais*, n.28, 1987.

diálogo entre o texto e o leitor será rompido, e as possíveis perguntas que o leitor se pudesse fazer serão previamente silenciadas. Essa também pode ser uma boa explicação do porquê a cada releitura de um texto podemos sempre apreender algo de novo, produzir entendimento para algo que sempre esteve no texto, mas que poderíamos jurar ter sido acrescentado no período entre a primeira e a última leitura.

A questão sobre o modo como se processa a transmissão pode agora ser recolocada da seguinte forma: a transmissão está além do que podemos definir como o que é aprendido, da mesma forma como ver, escutar, degustar e tocar estão além do que podemos enunciar no discurso como visto, ouvido, saboreado e tocado. As palavras marcam simultaneamente o modo de expressão do que desejamos e queremos transmitir ao outro, e a impossibilidade de nos tornarmos absolutamente inteligíveis para ele. Resta, pois, pensar em que sentido essa concepção pode acrescentar algo para *aqueles que ensinam*.

As dimensões[10] perdidas do ensinar a ensinar

A necessidade dos pensadores da educação em produzir uma resposta para o como ensinar a ensinar sempre foi tão premente que acabaram por criar um campo totalmente dedicado a ela. Refiro-me à Didática, o destinatário mais freqüente na educação, quando o assunto é ensinar a ensinar. Por outro lado, e, creio, é

---

[10] Sobre o uso da palavra "dimensões" é importante que se faça aqui um esclarecimento. Dimensão no sentido matemático (número mínimo de variáveis necessárias para descrição de um conjunto) permite lidar com o infinito sem produzir nele a contradição de sua redução, ao mesmo tempo que cria a possibilidade para o exame de sua textura. Nesse sentido confira: GUILLEN, Michael. Dimensão: Um reino de muitas possibilidades. In: GUILLEN, M. *Pontes Para o Infinito*. Lisboa: Gradiva, 1987.

melhor dizer pelo avesso, o verbo "ensinar", ao ser duplicado desse modo, potencializa aquilo que, por si só, já se apresenta como uma fonte inesgotável de inquietação: o que é ensinar? Se essa questão tem resistido vigorosamente a ser definida de um modo único, claro e inequívoco, como poderíamos esperar que, ao ser elevada ao quadrado, se esclarecesse? Assim, quando proponho mais uma produção nesse campo, é justo que eu diga que não viso a dissertar sobre o ensinar a ensinar, mas desacertar o ensinar a ensinar.

Produzir um desacertar nesse eixo é um meio de impedir que os sentidos estabelecidos tendam à estagnação e adquiram um valor dogmático. Os alemães sabem bem disso, já que a palavra *Bildung* — que pode ser traduzida imprecisamente por formação ou cultura —, implica na idéia de que a formação é algo inacabável e que um esforço intelectual concluído e terminado seria a instalação de um novo dogmatismo. Ao mesmo tempo, o desacertar é também uma oportunidade de, ao realizar um movimento de desconstrução, recolocar antigos e novos saberes frente à posição atual. Com isso fica estabelecido um meio de aproximação para tentar saber como a educação construiu suas teorias sobre o ensinar a ensinar.

A educação é um universo que engendra uma série de possibilidades que vai desde a discussão sobre qual é sua verdadeira essência — o que é educação? — até à tentativa de definir qual é o saber que um sujeito necessita possuir — o que a educação deve ensinar? De um ponto a outro (da forma ao conteúdo) existe uma dispersão intrínseca ao campo educacional que assume dimensões que necessitam de uma referência, de uma qualidade para poder com isso escapar da imensidão, e assim ser viabilizada em uma produção que possa ser entendida como saber pertinente a esse campo. Disso resulta que o saber que nesse espaço é construído o é sempre a partir de uma interseção, seja com a filosofia, seja com a ciência, ou mesmo com a religião. A impressão causada em quem se propõe a escrever sobre Educação é que a essência desta é para sempre inefável, que ela pode ser apenas circunscrita e, mesmo assim, nunca será da ordem do preciso.

Para iniciar, então, essa circunscrição, proponho a exame uma frase de Rousseau, que existe em seu "Emílio..." Se a esta citação recorro, não é por afinidade à teoria de um mestre, mas pelo efeito por ela produzido, já que é o debate *com o efeito* causado pelo autor que, neste instante, me servirá de eixo para falar das dimensões em educação. A anunciada frase é a seguinte: "Tudo é certo em saindo das mãos do Autor das coisas, tudo degenera nas mãos do homem."[11] Tal frase, colocada logo no início de uma obra que pretende ensinar a ensinar, possui um sentido que é necessário desde já evidenciar, isto é, apresenta a degeneração como um inevitável. É claro que alguém poderá replicar que estou atribuindo uma importância não existente, ou mesmo forçando um sentido, porque, na realidade, Rousseau se refere apenas à impossibilidade do homem alcançar a intenção divina. Ao suposto interlocutor, respondo que independente da origem da intenção existe sempre uma perda, uma degeneração, uma traição do leitor para com o autor. Afinal, a mensagem nunca chega ao receptor na plena forma em que foi emitida. O que a frase de Rousseau me permite dizer é que o homem produz um mal-entendido na natureza, que ele é frustrado em sua esperança de alcançar a perfeição da intenção. Será esse mal-entendido que tomarei, *a priori*, como irredutível, aquele que é decorrente de uma condição da linguagem caracterizada pela ruptura entre a palavra e a coisa, e que se expressa na impossibilidade da primeira recobrir de modo pleno a segunda.

---

[11] ROUSSEAU, 1992. p.9.

Opto, então, por tomar o "Tudo é certo em saindo..." em um sentido crítico literário, tal como o propõe Roland Barthes, em "Que é a Crítica?", "[...] a crítica não é uma 'homenagem' à verdade do passado ou à verdade do 'outro', ela é a construção do inteligível do nosso tempo."[12]

É diante do inteligível do nosso tempo que é aberta a possibilidade de descortinar elementos do passado, sendo possível, então, manter em suspenso a cronologia e, com isso, trazer para um mesmo eixo Rousseau (1712-1778) e Comenius (1592-1670). Este último irá substituir o acontecimento da degeneração à Didática; o "tratado da arte universal para ensinar tudo a todos".[13] Eis aí a resposta encontrada pela educação diante do acontecimento do dizer de o professor ser degenerado pelo aluno: a Didática, o saber que estuda o processo ensino-aprendizagem, mesmo considerando que ela não recobre a totalidade do fenômeno aprendizagem. Assim é, em sua forma científica, a Didática, que a educação deposita suas expectativas de encontrar uma resposta à questão: como ensinar a ensinar?

Mesmo com todo avanço da ciência e da crítica do social deste final de século, a questão do ensinar a ensinar permanece, em grande parte, inalterada no sentido da degeneração, do mal-entendido, e não podemos atribuir esse fracasso a uma insuficiência da Didática, posto que novas metodologias do ensinar são geradas a cada dia. O fato é que a persistência do mal-entendido reafirma uma impossibilidade radical que até aqui tem sido pouco considerada pela educação. Contudo nem sempre foi assim, "ora, que absurdo maior do que crer ter sido instruído

---

[12] BARTHES, R. Que é a Crítica In: COELHO, Eduardo Prado (Org). *Estruturalismo — Antologia de textos teóricos*, São Paulo: Livraria Martins Fontes, 1967. p.365.

[13] COMÉNIO, 1985.

pelas minhas palavras àquele que, se interrogado antes de eu falar, poderia responder sobre o assunto?"[14] Que outra leitura fazer dessa citação a não ser a de que Santo Agostinho já dizia aos mestres, no século IV, dessa impossibilidade? Impossibilidade que também Rousseau, soubesse ou não de sua radicalidade, deixou enunciada, e que no nosso tempo a educação parece querer desconhecer.

Para dizer dos efeitos causados por esse desconhecimento, retorno mais uma vez a Comenius e à concepção que ele fornece à Didática como sendo uma arte. Tal concepção afasta-se de forma considerável da existente na atualidade, quando a técnica se impõe sobre a arte, mantendo com esta apenas o parentesco distante da habilidade contida no artifício. Existe um hiato entre Comenius e a atualidade que não pode ser explicado apenas pelo intervalo de tempo. Aliás, sob muitos aspectos, Comenius pode ser considerado um autor bastante atual para a Didática. O fato é que, nesses três séculos e meio, a Didática migrou nitidamente da arte para a técnica, para o método. Claro, devemos considerar que a própria palavra técnica não existia com sentido próximo ao atual antes do final do século XVIII e que, se ela já existisse como tal, seria provável que Comenius optasse por escrever: "a técnica — ou a metodologia — de ensinar tudo a todos". Entretanto, é necessário considerar que a escolha do termo arte implica uma clara referência a artesão. Comenius produz sua "Didática Magna" exatamente no limiar do século XVII (escrita entre 1629-1632 e publicada em 1657), século que pode ser identificado como marco do pensamento moderno, do racionalismo cartesiano, do surgimento da moderna ciência. A utilização do termo "arte" como referência à Didática, apesar de rara hoje, na

---

[14] Santo AGOSTINHO. *De Magistro*, Universidade Federal do Rio Grande do Sul, Instituto de Filosofia, 1956. p.117.

Educação, ainda mantém como resquício uma dimensão em que o educar é uma arte e o educador um artífice. A Psicanálise pode funcionar como um bom "*lembrete*" para o educador, ao recordá-lo, como ressalta Catherine Millot, de que "...os métodos de transmissão dos conhecimentos importam pouco frente ao desejo de aprender da criança."[15]

Uma vez que a Didática surge em forma próxima à atual, a partir do século XVII, com Comenius, cabe indagar se aquele período, que também caracteriza a formalização da produção do pensamento científico como modelo da produção de conhecimento, não implicou em outras conseqüências para a educação além da produção de uma metodologia.

A primeira constatação que pode ser realizada a partir da questão acima é de que, atualmente, a maioria dos conteúdos do ensino formal (o que ensinar) provém do domínio do conhecimento científico. Essa vinculação, iniciada a partir do século XVII, foi cristalizada de tal modo que chega a soar estranho o fato de a Educação poder ensinar algo que não seja científico. Tal fato acaba por produzir na relação entre educação e ciência uma relação de "pertencimento", criando uma idéia virtual de que o propósito da Educação seria o de ensinar apenas o que fosse científico. Hoje, quase não se pensa mais em conteúdos advindos da ética, da estética, da teologia entre outros campos, como origem para conteúdos da educação e, quando isso ocorre, é quase sempre realizado em relação à ciência. No Brasil, em especial, temos um currículo pobre em ensino de humanidades.

Prosseguindo nessa linha de raciocínio, é possível observar que tem sido a ciência — ou sua forma adjetiva: o científico — que tem constituído cada vez mais a garantia

---

[15] MILLOT, 1992. p.146.

de que o conteúdo ensinado pelo discurso pedagógico é verdadeiro. Isso equivale a dizer que a ciência transformou-se no *métron* do discurso pedagógico. A conseqüência imediata dessa forma de aferir, se a enunciação do conhecimento é verdadeira, é que toda formalização não científica é de imediato "imaginarizada" como sendo um conhecimento, no mínimo, de segunda classe. O que a princípio é apenas diferente acaba por ser comparado, sendo que o melhor já é definido por antecipação. A tendência do homem em querer uma única verdade acaba por segregar do discurso pedagógico dizeres outros que um dia já foram pilares do educar. Não custa frisar, mais uma vez, que a própria Didática é uma extensão da formalização científica no campo da Educação.

Bem, mas que tipo de modificações a formalização desse modo de produzir o conhecimento pode ter causado à educação? Galileu Galilei, um dos inauguradores da ciência moderna, define a natureza como um livro escrito em caracteres matemáticos, acrescentando que "sem um conhecimento dos mesmos, os homens não poderão compreendê-lo". A respeito dessa proposição comenta Koyré:

> "Eis aí: a maneira pela qual Galileu concebe um método científico correto implica uma predominância da razão sobre a simples experiência, *a substituição de uma realidade empiricamente conhecida por modelos ideais (matemáticos), a primazia da teoria sobre os fatos.* Só assim as limitações do empirismo aristotélico puderam ser superadas e que um verdadeiro método *experimental* pôde ser elaborado. Um método no qual a teoria matemática determina a própria estrutura da pesquisa experimental, ou, para retomar os próprios termos de Galileu, um método que utiliza a linguagem matemática (geométrica) para formular suas indagações à natureza e para interpretar as respostas que ela dá. (grifos meus)[16]

---

[16] KOYRÉ, 1991. p.74.

Tal colocação permite-nos reconstituir, ou pelo menos simular, a violência do golpe sofrido pelo espírito do homem daquela época e pela verdade escolástica (a leitura aristotélica por ela feita) que o sustentava. O homem do século XVII não perdeu uma fé ou uma crença, ele perdeu o próprio mundo em que habitava. A percepção sensível, pilar da física aristotélica, desmorona, sendo substituída por uma natureza não sensível; ao concreto sobrepõe-se a teoria. A teoria que se situa como uma oposição à prática — seja na ordem dos fatos — "aquilo que é objeto de um conhecimento desinteressado, independente de suas aplicações"[17] — seja na ordem normativa — "aquilo que constituiria o direito puro ou bem ideal, distinto das obrigações comumente reconhecidas"[18] é que, daquele momento em diante, determinará a verdade.

O real passa a ser, a partir daí, o que dele podemos teorizar. Mesmo o empirista mais ferrenho só poderá conceber o conhecimento como algo que passa pela ordem da intermediação, sendo necessário reajustar a posição do sujeito na produção do conhecimento. Essa é a característica do pensamento da ciência moderna, o traço que a identifica, da mesma forma que um papel é identificado por uma marca-d'água. É claro que Descartes não produziu um método de conhecimento que apresentasse resolução para todas as questões que tangem a *episteme*, da mesma forma que Galileu não produziu a teoria da relatividade. Entretanto é indiscutível que o pensamento contemporâneo se acha impregnado do que naquele instante foi construído, e que as universidades vieram a se constituir em herdeiras do pensamento científico.

Como toda herança coloca em jogo um espólio, esse legado das universidades merece ser investigado

---

[17] LALANDE, André. *Vocabulário Técnico e Crítico da Filosofia*, São Paulo: Martins Fontes, 1993. p.1127.

[18] Idem, p.1127-1228.

de modo mais detalhado. A permanência de um resto, de um inalterado da escolástica nas universidades, é indicativo de que a estrutura destas, em relação à transmissão do saber, foi organizada antes que o modelo científico fosse implantado integralmente. As primeiras universidades surgem no século XII em Bolonha e Paris, sendo que, naquele momento, guardavam pouca semelhança com o sentido que o termo adquire a partir do século XIX, isto é, ainda que mantendo o mesmo nome originário do latim *universitate* (universalidade, a totalidade, o todo; o conjunto das coisas do universo),[19] é somente a partir do início do século XIX que a palavra universidade passará a designar uma instituição de ensino superior que compreende um conjunto de faculdades ou escolas.

A importância em observarmos tal permanência reside no fato de que, ao se pesquisarem as formas de transmissão, devemos considerar a Escolástica e não a instauração do modo científico como o ponto de origem do modelo atual universitário. A "dissolução" das universidades da Idade Média consuma, como comenta Verger,[20] o divórcio entre ciência e ensino. De um lado, é instaurado um novo modelo de produção de conhecimento, de outro, é mantido um modelo que, apesar de decadente, sustenta a base sobre a qual será construído o modelo de ensino da modernidade.

O modelo de ensinar da escolástica consistia na apresentação de uma proposição inicial, seguida da enumeração dos pontos a serem discutidos e da proposição dos argumentos contrários à primeira tese, o que resultaria no enunciado de uma proposição contrária. A partir daí, processava-se a discussão do problema de modo a conduzir

---

[19] FARIA, Ernesto. *Dicionário Escolar Latino-Português*, Rio de Janeiro: Ministério da Educação e Cultura, 1956. p.1001.

[20] VERGER, J. *As Universidades na Idade Média*, São Paulo: Unesp, 1990.

ao estabelecimento de relações entre o problema e outros assuntos afins, para atingir, assim, a resposta às objeções iniciais. Mais do que uma formulação sobre o como proceder, é uma tentativa de "metodologizar" o processo da transmissão do conhecimento. Forma essa que resistiu a passagem das universidades da Idade Média ao Renascimento. De tal modo essa forma de transmissão se arraigou nas universidades que chamá-la de universitária seria apenas reconhecer o contexto no qual foi engendrada.

A questão então é deslocada para a tentativa de buscar saber se existe na história ocidental outra forma de sistematização da transmissão que se apresente como alternativa à universitária.

Buscando essa outra forma de inscrever a transmissão, através do tempo, observaremos, em primeiro lugar, que ela corresponde, igualmente, a uma mudança de lugar. Mais precisamente do *tópos* da transmissão do saber. Tal constatação é embasada no fato de a organização da Escola como *tópos* da transmissão do saber ser precedente à da universidade. A palavra escola provém do latim *schola* derivado do grego *scholê*[21] e continha, como pertencente a seu significado original, o sentido do ócio, do *otium* latino, que designava um "tempo de repouso, vagar, e daí por extensão: lazer produtivo, estudos feitos com vagar, estudos de gabinete".[22] Sentido esse completamente excluído da significação atual.

Enquanto na escola clássica existia o mestre e aqueles que buscavam nele o saber faziam-no por escolha, produzindo uma dada junção entre o saber e o *otium*, nas universidades, a partir da escolástica, não haverá mais

---

[21] CUNHA, A. G. *Dicionário etimológico Nova Fronteira*, 2.ed., Rio de Janeiro: Nova Fronteira, 1992. p.315.

[22] FARIA, E. op. cit. p.667.

mestres e sim licenciados,[23] ou seja, os que para lecionar necessitam de um mestre para citar. É essa repetição que, fundada naquela época, caracteriza o ensino universitário como um ensino em que o mestre é referência e não presença.

Ora, nesse esquema, o saber já está servido, e decididamente pende para um lado: o dos que determinam quem pode e quem não pode ser licenciado. Aqueles que sabem, *a priori*, e que buscam conferir o saber do "proposto" para verificar se ali não existe dessemelhança. A licença é uma concessão, o certificado de que a partir dela se pertence à casta, e o examinado não pode errar. É um lugar que nega o *otium*.

Analisando de modo mais detalhado essa passagem do mestre para o professor, é possível observar que ela produziu "trincas" no discurso pedagógico, deixando marcas que persistem na atualidade, como as de uma fratura mal consolidada. Para entender que tipo de manifestação tais marcas produzem, é necessário relembrar que no discurso pedagógico — no ensinar a ensinar — da escolástica a garantia da verdade era posta em Deus. Isso significa dizer que, em última instância, é o discurso religioso que sustenta na Escolástica a ausência do mestre; é o intelecto divino, o modelo e a garantia para toda exposição de saber. Assim, todo discurso que daquele lugar seja enunciado terá um lugar bastante definido para o sujeito, ou seja, a procura da aproximação com o intelecto divino. Isso também implica em que o próprio sujeito é responsabilizado por suas ações, as quais são assumidas, previamente, de forma livre e consciente, pois existe um modelo posto a ser seguido.

---

[23] Licenciatura significa 'permissão' e segundo J. A. MILLER em "El Concepto de Escuela", o modo de transmissão de saber universitário "se distingue [...] na medida em que exige algo para poder ensinar — desta forma impõem-se a ordem universitária na Idade Média — uma licenciatura. Uma permissão para ensinar."

E quanto à ciência? Qual é a garantia que discurso científico propõe em troca do discurso religioso? A resposta a essa pergunta é surpreendente: o discurso científico não é capaz de produzir "garantias", pois ele é um dizer infinito que nunca cessa. Uma vez sendo pura articulação de fórmulas, não há nele um lugar de onde o sujeito possa se olhar e, conseqüentemente, não há espaço para que o sujeito seja responsável por suas ações ou por elas ser responsabilizado.

Que implicação esse acontecimento traz para a educação? Mencionei que o conteúdo transmitido pela educação é, atualmente, quase exclusivamente advindo do modo científico. Também demarquei que a própria educação estabeleceu uma forma próxima à científica para ensinar: a Didática. É então evidente que a educação migrou de uma forma para outra, isto é, do religioso para o científico. E disso duas articulações podem ser traçadas: a primeira é que o discurso religioso era, antes do século XVII, o fundamento da educação ocidental, tendo como modelo, em especial, a escolástica. A segunda é que, ao assumir a ciência como o conteúdo privilegiado para a transmissão do saber, a educação perde a garantia que lhe era dada pelo discurso religioso e, conseqüentemente, tem o seu sujeito esvaziado.

Tomando essas observações como corretas, é possível concluir que, a partir do século XVII, o discurso científico condicionará as hipóteses sobre a questão da transmissão do conhecimento. Entretanto, como tal discurso não consegue enunciar totalmente a transmissão — o saber científico não possui um ponto de basta — sempre permanecerá uma "sobra" desse fenômeno que não se conseguirá teorizar. Esse resto, que se manifesta como resistência ao saber, é o que funcionará como um empecilho à premissa da Didática de conseguir ensinar tudo a todos. O senso comum, quando diz que não se ensina "o pulo do gato", e a constatação das pesquisas tipológicas de professores de que não é possível ensinar características como dedicação e amor falam precisamente dessa mesma condição. Se não é possível ensinar tudo a todos, teremos de concluir que existe na educação algo que só poderá ser pensado na categoria do impossível.

Educar: ofício impossível?

As colocações do item anterior levam-nos a indagar: será que o ofício de educar não mantém com a impossibilidade uma relação excluída no campo da ciência, já que o objetivo desta última é tomar consciência, erradicar a ignorância, ultrapassar a impossibilidade? Afinal, o modelo de professor que foi sendo construído ao longo da modernidade é aquele que tudo sabe, bem como o modelo de aluno é aquele que, nada sabendo, tudo aprende com o professor.

Para uma primeira constatação é interessante colocarmos lado a lado a antiga concepção de mestre e a profissão de educador da modernidade. Tomemos, então, o "De Magistro" de Santo Agostinho e um texto intitulado "Palestras e suas Inevitáveis Perguntas", de Fanny Abravomich. Esta última, após entrevistar vários palestrantes e produzir um interessante relato do comportamento destes, diante das perguntas encaminhadas após uma conferência, conclui:

> "Senhores professores que escutam conferências. Por favor, façam outras e novas perguntas para nós que estamos falando. Ouvir as mesmas questões há décadas é desalentador... Queremos ser sacudidos, queremos perguntas novas, queremos novos ângulos e não velhas reclamações de praxe. Queremos gente informada, curiosa sobre o que já se fez / onde se errou / o que deu certo um dia / etc. Para poder caminhar para frente e não ficar ouvindo — em cada encontro — a mesmíssima descoberta do mundo..."[24]

---

[24] ABRAMOVICH, Fanny. *O Professor não duvida! Duvida?*, São Paulo: Summus, 1990. p.69.

E, sobre essa citação façamos incidir duas perguntas do antigo mestre:

> "E, porventura, os mestres pretendem que se conheçam e retenham os seus próprios conceitos e não as disciplinas mesmas, que pensam ensinar quando falam? Mas quem é tolamente curioso que mande seu filho à escola para que aprenda o que pensa o mestre?"[25]

O que as perguntas de Santo Agostinho colocam como respostas à conclusão de Abramovich é: quem pode fazer novas perguntas, se quem fala só está disposto a escutar apenas aquilo que quer? Atualizando essa colocação dentro de nosso contexto: como um saber novo pode surgir em uma conferência se ele já está servido, e todos sabem do lado de quem ele fica? Há que se considerar que quem pergunta, pergunta sempre pela primeira vez, de modo que a repetição se processa sempre para quem ouve o enunciado, e não para quem enuncia uma pergunta.

Na realidade o que cansa, e que Abramovich percebe, com incrível agudez, é a repetição de um modelo que faz da educação um eterno professar — seguir a regra de; obedecer às normas de. O saber deixou de ser percebido como uma conquista para enquadrar-se como uma aquisição, de modo que não exista criação, e sim adequação. Isso resulta em que todos os pais mandem seus filhos à escola para que aprendam o que o professor repete, desde que, evidentemente, ele seja licenciado, e que o aluno se limite a perguntar aquilo para o que o professor já detém a resposta. Na modernidade já não há mais espaço para o mestre que ensina com perguntas.

Podemos então postular que existe, historicamente, uma ruptura entre a arte de educar e a profissão de educar; mais do que isso, existe a perda da dimensão do

---

[25] Santo AGOSTINHO. Op. cit. p.127.

impossível que, por não poder ser formalizada cientificamente, é segregada e mantida de fora, como se nem sequer existisse. Mas, esse impossível, que escapa à formalização científica, aparece em um outro lugar nos tempos modernos. Em 1925, no "Prefácio para a Juventude Desorientada" de August Aichhorn, Freud escrevia: "aceitei o bon mot que estabelece existirem três profissões impossíveis — educar, curar e governar...",[26] acrescentando em 1937, em "Análise Terminável e Interminável", "quanto às quais de antemão se pode estar seguro de chegar a resultados insatisfatórios".[27] Admitindo que a Psicanálise é um saber, teremos, então, de concordar que existe pelo menos um campo de saber em que o impossível pode escapar de sua condição de segregação, uma dimensão em que seja possível teorizar com o impossível. Dimensão essa que pode revelar novas perspectivas à educação, ou pelo menos permitir a invenção de novas perguntas.

Não há como esquecer que o homem é uma invenção muito recente no espaço epistemológico, e que nestes últimos duzentos anos, temos caminhado essencialmente no sentido de buscar formas de educar o humano. Esquecemo-nos, porém, com muita freqüência, de que esse humano, de que tanto falamos, é um objeto no campo das ciências. Quando a educação busca a aplicabilidade de vários campos do saber — tais como, a psicologia, a antropologia, a história, etc. — para a resolução de seus impasses, não é a um homem concreto que ela está se referindo, mas ao que, dele emanando, pode ser recortado no campo das ciências humanas. A referência à ciência estabelece para a educação a primazia do erro. Todo pensamento, toda ordenação, todo ensinamento é, a partir daí, certo ou errado. É claro que toda a conduta

---

[26] FREUD, 1976. v.XIX, p.341.

[27] FREUD, 1976. v. XXIII, p.282.

deverá ser orientada no sentido de eliminar o erro e de criar formas assertivas. Assim, a educação elimina a possibilidade de advir o errante, aquele que pode vagar diante das certezas em busca de sua própria produção.

O impossível da educação, tomado a partir de uma fraternidade com a Psicanálise — não são ambas profissões impossíveis? — pode conduzir então à possibilidade de que seja pensada uma *arte de educar* e, com isso, talvez redimensionar dados espaços no universo educacional. Criar outras possibilidades para o pensar (talvez o repensar) da educação como um processo que possua outras inserções além da racionalidade cartesiana. Afinal, um dia, em um passado, o educar já foi constituído como um ofício, e o professor como mestre, legando-nos reminiscências de um tempo em que era possível saber, mesmo não sendo de todo sabido. É claro que não objetivo um retorno às formas anteriores do educar, nem creio que elas tivessem respostas para as questões que coloco sobre o impossível da educação; seria um anacronismo imaginar que tal condição pudesse ser verdadeira. Porém colocar lado a lado concepções diferentes permite aguçar o olhar para dadas diferenças que, sem essa contraposição, tenderiam a permanecer ocultas.

Sobre a Educação e o amor e a transmissão

Sendo a Educação um campo em que coexistem enunciados advindos de diferentes épocas e culturas, sem que exista a possibilidade de integrá-los em uma forma capaz de liquidar o mal-estar que o convívio dessa diferença continuamente causa, o ter de se haver com a diferença é algo ao qual ela não pode se furtar. Entretanto, esse condicional — *o ter de se haver com a diferença* — remete a um outro lugar fora da Educação, onde encontramos essa mesma condição enunciada. Qual lugar? O lugar do amor. Discordante da opinião daqueles que imaginam ser o amor uma fusão, o encontro de duas metades que formarão o pomo perfeito, o amor é sempre o desencontro, a ausência que significa a presença, a confusão de duas identidades que se encontram num fugaz *eu te amo* e que, em seguida, se esvanece diante das diferenças que um impõe ao outro. A maneira como tentamos falar dessa impossibilidade de reduzir o dois a um constitui toda uma modalidade discursiva que nomeamos como discurso amoroso.

É por esses motivos que penso que dentre as diversas formas discursivas existentes, o discurso amoroso é o que se apresenta como o mais apropriado para o estudo dos efeitos da coexistência de diversas concepções do educar. Por mais estranho que soe, por mais negada que seja a afirmação de que existe uma vinculação entre a educação e o amor, não há como deixar de admitir que tal forma discursiva exista no campo pedagógico. O reconhecimento dessa afirmação é de ordem tácita, pois basta ler os poemas que fazem do(a) professor(a) personagem literário, para reconhecer que é de amor que ali se fala. Assim, mesmo que pelo viés da teoria essa modalidade discursiva seja pouco freqüente, no cotidiano ela transborda. Não sendo consagrados explicitamente ao amor, os textos que procuram abordar as situações do cotidiano da sala de aula oferecem um bom exemplo de como o discurso amoroso é presente na educação. Esses textos, quando tentam descrever de que modo ocorre a relação professor(a)-aluno(a), quando buscam apresentar a tipologia de um professor bem-sucedido, ou ainda, quando indagam sobre os motivos que levam um mesmo método de ensino a produzir resultados diferentes do esperado, terminam por responder a tais questões, produzindo outras conotações para o que é, essencialmente, amoroso. Desse modo, quando a explicação do fenômeno pesquisado é atribuída a causas como o interesse, a empatia, a compreensão, tais textos apresentam um discurso essencialmente amoroso, oferecendo aos educadores, ao invés de juras de amor, pactos conceituais.

A premissa que neste instante formulo é a de que *o discurso amoroso se apresenta vinculado ao acontecimento da transmissão*. Digo isso por observar que as perguntas sobre os motivos que levam um aluno a aprender ou a fracassar desembocam, direta ou indiretamente, em respostas que trazem para o primeiro plano da cena pedagógica a relação professor-aluno. Por isto é fundamental interrogar: qual é a forma que o discurso amoroso assume na educação para possibilitar o acontecimento da transmissão?

Tomar a forma de ensinar como ponto de partida para pensar a transmissão não é nenhuma novidade, pois a transmissão nela implicada é algo que conhecemos bem, desde Ratichius e Comenius. Mas é esse mesmo campo de saber, fundado por esses autores, que vem, ao longo dos tempos, demonstrando que essa forma não se deixa apreender em totalidade por meio de um único método, tornando possível a afirmação de que todo método de ensinar encerra, além da sua validade, a sua insuficiência. Assim, enquanto os resultados positivos obtidos confirmam-nos a validade de um método para ensinar, a insuficiência desses mesmos resultados irá trazer para a cena pedagógica o questionamento d'*aquele que ensina*. O pensar a transmissão na educação é dividido entre aqueles que a teorizam como sendo o efeito causado por um método e buscam na capacidade cognitiva e na realidade social do aluno a sua explicação, e aqueles que pesquisam a prática pedagógica e buscam na formação e nas habilidades do professor essa mesma resposta.

É claro que essas vertentes não são excludentes entre si, não sendo poucos os estudos que buscam harmonizá-las. Mas, longe de encontrar uma solução holística, que viesse apaziguar a insistência dos resultados insuficientes, tais estudos, na maioria das vezes, acabam por produzir uma eterna repetição que circula entre os estudos das razões do fracasso e do sucesso escolar, criando um verdadeiro movimento de revolução na educação. Diante do exposto, podemos pensar que a impossibilidade de aprender a ser professor deve estar relacionada com essas imagens de "ser professor", que são incessantemente prescritas pela Didática, o que significa dizer que, para pensar os motivos dessa impossibilidade de "aprender a ser", temos antes de pensar qual é a verdadeira identidade daquele que ensina.

Essa identidade, entretanto, apenas poderá ser encontrada, se admitirmos que existe uma incompatibilidade entre a imagem que a educação constrói de como deve ser o educador, e o homem concreto que com ela se identifica ou não. A última premissa apresentada implica duas condições. Primeira: existe uma imagem ideal do ser professor que corresponde àquele que é capaz de ensinar sem perda. Segunda: existe um homem real que é professor, mas que não consegue atender à exigência de perfeição que a imagem "do ser professor" lhe impõe. Dessas duas condições, podemos concluir que o ensinar é, na realidade, uma operação que se estabelece entre a imagem de um ideal e a impossibilidade do homem real em atingi-lo. Em síntese, antes de ser uma profissão, ser professor é uma função, uma tentativa de estabelecer uma correspondência entre um ideal e o real. É diante dessa constatação que me permito definir o homem real que ensina como sendo *aquele(a) que sustenta a função de operar a ligação entre o seu próprio desejo de ensinar e o desejo de um outro de saber.*

Essa definição faz com que tudo o que se refira a conteúdo esteja situado fora do campo da transmissão, não entrando nele a não ser como a "matéria" com a qual é construída a ponte entre esses dois desejos. Na condição de matéria, os conteúdos são os elementos de significação que nos permitem organizar as imagens do mundo em que habitamos e, enquanto tal, estão submetidos às necessidades sociais e culturais. A transmissão porém não está situada no campo das significações. Isso pode parecer óbvio, mas quando alguém faz do como se ensina uma interrogação, por que insistimos em responder propondo uma significação? Professores de professores sempre têm uma resposta na ponta da língua: faça desse modo, use o quadro dessa maneira, utilize tais recursos didáticos, planeje a aula. Como é possível, na ausência do aluno, na ausência da aula — posto que ela ainda não aconteceu —, prever com tamanha exatidão? Será que a educação só é capaz de pensar com a presença, mesmo que para isso esta tenha de ser idealizada?

A transmissão, por ocorrer na tangência de dois arcos — o que enuncia o desejo de ensinar e o que enuncia o desejo de saber — implica em um inesperado que remete a um jogo de presença-ausência; um jogo do qual só temos as regras e o local e, nunca, a certeza prévia de seu resultado. Assim, ao invés de a transmissão ocorrer por meio de uma apropriação que o professor possa fazer do aluno, do tipo "eu sei o que você deve saber", ela se dará em um espaço vazio, em que impera o acaso, pois o professor não sabe o que o aluno deseja saber, mas o aluno supõe que o saber que ele busca está no professor. O enunciado do saber produzido pela enunciação do desejo de ensinar criará uma oferta que estabelecerá um porto onde ocasionalmente o desejo de saber do aluno atracará.

O ponto final desta discussão sobre amor e transmissão recai em Freud. De fato, teria sido muito simples, no início, ter antecipado ao leitor o seguinte dizer: *a transmissão só ocorre mediada pela transferência*. A apresentação imediata desta constatação, entretanto, manteria afastada a possibilidade de realizar a reflexão necessária sobre dois pontos cruciais: a distorção que o conceito de transferência costuma sofrer, quando utilizado em outros campos de saber que não a própria Psicanálise, e a interrogação sobre qual é a função da transferência na transmissão do conhecimento, na relação professor-aluno.

No texto "Observações Sobre o Amor Transferencial genuíno", ao pensar sobre as implicações que derivam da condição de ser a transferência uma manifestação amorosa, Freud ressalta que "...não temos o direito de contestar que o estado amoroso que faz seu aparecimento no decurso do tratamento analítico tenha o caráter de um 'amor genuíno'."[28] Antes disso, porém, ele já havia advertido em relação à via que o analista deve assumir diante desse amor: *"é um caminho para o qual não existe modelo na vida real"*.[29] Dessas duas observações podemos concluir que a Psicanálise opera por uma via que não é aquela que, em nosso cotidiano, reconhecemos como a via "natural" do amor. Acrescente-se a essa conclusão a impossibilidade de ocorrer uma conciliação plena entre a pulsão sexual e as exigências da civilização, de modo que o ato sexual nunca levará à realização plena do amor, e teremos nos aproximado da função do amor na transmissão.

No texto, de 1912, "Sobre a Tendência Universal à Depreciação na Esfera do Amor",[30] Freud menciona que a relação de um beberrão de vinho com essa bebida se mantém por meio da mesma qualidade de insuficiência que vincula um amante ao seu objeto sexual, qualidade que, eu poderia acrescentar, se enuncia pelo *in vino*

---

[28] FREUD, S. Observações Sobre o Amor Transferencial (Novas Recomendações Sobre a Técnica da Psicanálise III) in: FREUD, 1972. v.XII, p.218.

[29] Idem, p.216.

[30] FREUD, 1970. v.XI

veritas. Essa insuficiência, que se situa entre o objeto de amor e o Ser do amado, faz que a verdade, atribuída à essência do objeto, se esvazie no instante em que estamos prestes a bebê-la, de modo que dela não temos mais do que um ligeiro sabor, um fugaz aroma, que nos mantém na expectativa de que o ser amado possa se realizar plenamente como objeto de amor.

Não é por acaso que Freud, em dois de seus textos que tratam da relação entre Psicanálise e Educação,[31] vai situar na busca da apreensão do ser o lugar da relação professor aluno; o aluno apreende no ser de seu professor à mesma medida que este busca apreender sobre o ser de seu aluno. Agrupando todas essas constatações, a busca da verdade sobre o amor, sobre o esvaziamento do objeto de amor no ser do amado e, especialmente, o fato de toda essa procura manifestar-se por meio de uma relação, da busca de uma escuta que possa acolher essa fala, não tenho dúvidas em afirmar que as relações que se produzem na cena pedagógica dizem-nos de um fenômeno de transferência, com todas as implicações que essa afirmação traz consigo.

Acreditando ser possível ao leitor concordar com essa afirmação, o próximo passo será o de pensarmos como essa manifestação pode ser pensada na relação pedagógica, no que tange à transmissão. O primeiro reconhecimento que daí podemos obter é que o professor não poderá operar no lugar do analista, isto é, não há como aquele que ocupa, juntamente com o aluno, um lugar de fala, não se incluir ali como sujeito. Porém, não podemos negar que a presença do amor nessa relação cause uma aproximação do sujeito com a sua verdade

---

[31] Refiro-me aos seguintes textos: O Interesse Científico da Psicanálise, vol.XII. e Algumas Reflexões Sobre a Psicologia do Escolar, Vol XIII, ambos da Edição Standard Brasileira das Obras Completas de S. Freud, Rio de Janeiro: Imago Editora.

por meio da interrogação ao Outro; um instante em que o mal-entendido e a não possibilidade do diálogo são colocados quase em suspensão. Esse instante permite-nos reconhecer, por seu enunciado amoroso, a presença da enunciação da transferência que faz do professor suporte da verdade de seu aluno: momento que pode levar um aluno, por exemplo, a reconhecer o quanto de esforço ele é capaz de realizar para não aprender. É esse momento transferencial — o deslocamento do significante, fazendo-o apresentar-se como a palavra que propicia a conexão entre o sujeito que fala e o saber — que a redução do amor à significação exclusiva de sentimento furtou à cena pedagógica, isto é, ficou oculto ao professor o que, afinal, põe em causa o amor.

Como a relação professor-aluno implica em enunciação de dois desejos — o de ensinar e o de saber —, e como a ação desses dois sujeitos é mediada por seus desejos, onde o planejamento didático aguarda o previsível, ele colidirá com o imprevisível e o desencontro. O mal-entendido que disso resulta não é de pouca monta, posto que o impossível do educar aí se situa. Contudo, se acreditamos que a transmissão está implicada em uma verdade do sujeito sobre o seu próprio desejo, e não no acúmulo de conhecimentos, teremos de pensar o que permite a um professor ocupar uma posição que favoreça esse acontecimento, lembrando que, para tal, o lugar de analista não serve como modelo, uma vez que educar não é psicanalisar, e vice-versa. Resta, então, ao professor fazer valer, no seu próprio desejo de ensinar, uma verdade anterior, algo que já existia nele antes que se enveredasse por seu ofício: o seu desejo de saber. Basta que esse outro desejo seja colocado em evidência para que se percebam os meandros por onde ele opera. Em síntese, é na posição de aluno, enquanto é esse que está referido ao desejo de saber, que o professor poderá encontrar o lugar de onde possa vir a ser "o arco da transmissão".

Evidentemente, reconhecer o lugar de aluno é coisa bem distinta de identificar-se com os alunos, pois um professor que realmente acreditasse que, para transmitir, tivesse de se vestir, falar, se comportar, etc. como seus alunos poderia, no muito, causar espanto. A posição de aluno a que me refiro é uma posição de ignorância; a ignorância de quem verdadeiramente interroga, e não aquela de quem pergunta apenas para ter confirmada a resposta já trazida pronta, na ponta da língua. A ignorância radical sustenta a operação da transmissão à medida que faz faltar no professor o saber.

A posição que o professor ocupa para seu aluno é verdadeiramente a daquele que sabe; o aluno atribui isso a ele. Entretanto, o fato de ocupar um lugar a que se atribui, por antecipação, um saber, não livra o professor da ambivalência do amor; é bom que isso esteja claro. Quantos professores não caem nessa armadilha do desejo de saber e acabam por pedir que sejam sempre reconhecidos como bons, belos, caridosos, desprendidos, e tantas outras palavras que o amor cristão permite engendrar para a sua realização? Por essa via, eles se afastam da possibilidade de sustentar a transmissão, não realizam outra função a não ser a da sedução, já que acreditam ser, eles próprios, o verdadeiro objeto de amor de seus alunos.

Por fim, do acontecimento da transmissão não é possível dar receitas; não há um método que eu possa agora apresentar no sentido de garantir que todos aqueles que venham a utilizá-lo possam alcançar os resultados esperados. Não há aqui o que possa vir em meu socorro, de modo a apresentar neste final uma norma, uma orientação para procedimentos a serem adotados em sala de aula. A única conclusão que posso apresentar neste momento é que a transmissão produz um diferencial na forma como é nomeado *aquele que ensina*.

Referências bibliográficas

ABRAMOVICH, Fanny. *O professor não duvida! Duvida?* São Paulo: Summus, 1990.

AULAGNIER, Piera. *A violência da interpretação* — do pictograma ao enunciado, Rio de Janeiro: Imago, 1979.

BARTHES, Roland. Que é a Crítica In: COELHO, Eduardo Prado (Org.). *Estruturalismo* — antologia de textos teóricos. São Paulo: Martins Fontes, 1967.

_____. Sobre a Leitura. In: BARTHES, R. *O rumor da língua.* Lisboa: Edições 70, 1987.

BORGES, Fábio. Da transmissão de um dever ao dever de uma transmissão, In: FORBES, Jorge (Org.). *A escola de Lacan: a formação do psicanalista e a transmissão da psicanálise.* Campinas: Papirus, 1992.

COMÉNIO, João Amos. *Didáctica Magna.* 3.ed., Lisboa: Fundação Calouste Gulbenkian, 1985.

CUNHA, Antônio Geraldo da. *Dicionário etimológico Nova Fronteira,* 2.ed., Rio de Janeiro: Nova Fronteira, 1992.

ECO, Umberto. *Seis passeios pelos bosques da ficção.* São Paulo: Cia. das Letras, 1994.

FARIA, Ernesto. *Dicionário escolar latino-português.* Rio de Janeiro: Ministério da Educação e Cultura, 1956.

FREUD, S. A censura dos sonhos. In: *Conferências introdutórias sobre Psicanálise,* Rio de Janeiro: Imago, 1976. (Edição Standard Brasileira das Obras Psicológicas Completas de Sigmund Freud, v.XV.).

_____. *Análise terminável e interminável.* Rio de Janeiro: Imago, 1976. (Edição Standard Brasileira das Obras Psicológicas Completas de S. Freud, v.XXIII.).

_____. Observações sobre o amor transferencial (novas recomendações sobre a técnica da Psicanálise III). In: *Artigos sobre técnica.* Rio de Janeiro: Imago, 1972. (Edição Standard Brasileira das Obras Psicológicas Completas de S. Freud, v.XII.).

FREUD, S. *O interesse científico da Psicanálise*. Rio de Janeiro: Imago, 1974. (Edição Standard Brasileira das Obras Psicológicas Completas de S. Freud, v.XIII.).

_____. *Prefácio a Juventude desorientada de August Aichorn*. Rio de Janeiro: Imago, 1976. (Edição Standard Brasileira das Obras Psicológicas Completas de S. Freud, v.XIX.).

_____. *Sobre a tendência universal à depreciação na esfera do amor*. Rio de Janeiro: Imago, 1970. (Edição Standard Brasileira da Obras Psicológicas Completas de S. Freud, v.XI.).

GUILLEN, M. *Pontes para o infinito*. Lisboa: Gradiva, 1987.

KOYRÉ, Alexandre. *Estudos de história do pensamento científico*, Rio de Janeiro, Ed. Forense Universitária, 1991.

LACAN, J. O ponto, o onto, o outro, In: LACAN, J. *Escritos*. São Paulo: Ed. Perspectiva, 1984.

LALANDE, André. *Vocabulário técnico e crítico da filosofia*. São Paulo: Martins Fontes, 1993.

LARROYO, Francisco. *História geral da Pedagogia*. São Paulo: Mestre Jou, 1974.

MILLER, Jacques-Alain. El concepto de Escuela In: *Cuardernillos de Pasador*. Buenos Aires, 1992.

MILLOT, Catherine. *Freud antipedagogo*. Rio de Janeiro: Jorge Zahar Ed., 1992.

ROUSSEAU, Jean-Jacques. *Emílio ou da educação*. Rio de Janeiro: Ed. Bertrand Brasil Ltda, 1992.

SANTO AGOSTINHO. *De Magistro*. Universidade Federal do R. G. Sul — Instituto de Filosofia, 1956.

VEGER, J. *As universidades na Idade Média*. São Paulo: Unesp, 1990.

Freud e
o ato do ensino

Tânia Ferreira

Uma conseqüência da teoria psicanalítica de Freud é o modo como ela foi ensinada, transmitida por ele mesmo. O ato de ensinar faz presença em o todo o seu percurso, sustentado pelo seu desejo de compartilhar suas descobertas e seus impasses lógicos. Julguei que poderíamos, o leitor e eu, acompanhar as condições que Freud criou para o ensino, na perspectiva de operar uma leitura e retirar dela os efeitos que nos permitam inventar nossa própria forma de ensinar. O ensino de Freud não se distancia do exercício da função da psicanálise e é justamente isso que quero demonstrar com este trabalho àqueles que se dedicam à educação e à psicanálise.

Primeiramente, quero trazer uma nota sobre o título: *Freud e o ato do ensino*. Em uma primeira visada, pode-se colocar o *ato* do lado da Psicanálise, na medida em que ele é utilizado em seu interior para nomear a lógica da intervenção do analista no processo de uma análise, e o *ensino*, do lado da Educação, uma vez que ele pode dizer, mesmo que sumariamente, de sua função. Mas se intitulo assim este trabalho, é por que considero o ensino de Freud um ato, no sentido psicanalítico do termo. Aquele que faz com que o sujeito possa se liberar dos efeitos do significante e do saber do Outro, para constituir seu próprio saber, já que o ensino de Freud não está desarticulado das descobertas psicanalíticas. Quando o concluí, considerei que o que eu pude apurar, o que pude colher do ato do ensino de Freud e em Freud foi a *ética* de seu ensino, que é talvez o que podemos aprender dele e com ele. É nesses termos que o inscrevo aqui.

Uma pesquisa, mesmo que seja de caráter conceitual, nasce de indagações sobre uma prática. A minha teve origem nos constantes questionamentos sobre o ensino da psicanálise na universidade, onde venho trabalhando como professora no curso de formação de psicólogos. O mal-estar decorrente desse trabalho, que não é alheio à crise do ensino em geral, levou-me a interrogar sobre a experiência de ensino de Freud, na perspectiva de recolher dela algumas conseqüências para o meu próprio trabalho de ensinar e o de outros docentes que, como eu, influenciados pelo saber da psicanálise, se interrogam sobre seus limites e suas possibilidades.

De saída, ocupei-me de uma discussão, sempre problemática, sobre a relação entre Psicanálise e Educação. Passo a esboçá-la aqui. Considero necessário esclarecer de imediato que quando interrogo a experiência de ensino de Freud, seu ato de ensinar, não almejo buscar sinais de uma "nova pedagogia", ou prescrições pedagógicas em Freud, ou ainda ensejar a aplicação da psicanálise à educação. Aliás, revisando a bibliografia sobre a relação entre psicanálise e educação, constatei que o ponto de maior controvérsia entre os autores que se ocupam do tema reside no debate sobre o possível e o impossível de ter na Psicanálise uma ciência aplicável à Educação, o que significa: "a construção de métodos e de instrumentos de trabalho de inspiração psicanalíticas que se apliquem à situação de ensino propriamente dita". (KUPFER, 1989:3)

É possível identificar a iniciativa de diversos autores em processar suas discussões numa linha histórica que tem no discurso de Freud seu ponto inicial. Desde os primórdios da Psicanálise, Freud se interessou pelo tema da Educação e fez muitos projetos para que, articulada ao saber da Psicanálise, ela pudesse operar transformações significativas na civilização. Seu diálogo com o Dr. Oscar Pfister, um pastor e educador suíço — que tentava aproximar esses dois campos — através de extensa correspondência, aponta para suas expectativas em relação a esse empreendimento. Além das suas correspondências com Pfister, a obra de Freud é pródiga em exemplos desta natureza.

Embora, no decorrer da história, a Psicologia tenha se tornado um dos mais importantes fiadores da Educação, não é incomum, por parte de alguns educadores, a busca de elementos da Psicanálise para conhecer os processos psíquicos implicados no ato de aprender, para elucidar problemas de aprendizagem ou para a compreensão dos fenômenos em jogo nos espaços didáticos, sobretudo, do teor das relações que ali se estabelecem, além dos problemas do desenvolvimento da criança.

Se a literatura sobre o tema aponta para esta perspectiva quanto à pertinência ou não da aplicação da Psicanálise à Educação, escolhi um caminho diferente. Não busco interrogar a Educação com o saber da Psicanálise, mas interrogar a própria Psicanálise sobre o que surge em seu interior sob a denominação — ensino e transmissão. Trata-se, portanto, de pensar a implicação da Psicanálise com a Educação.

De uso freqüente desde a criação da psicanálise, na lógica interna ao discurso psicanalítico, o conceito de ensino ganha um estatuto diferente daquele outorgado pela educação?

Que *episteme* funda os conceitos de ensino e transmissão com os quais os psicanalistas nomeiam sua experiência? Qual o sentido particular que a Psicanálise de Freud dá a esses conceitos? Freud teria se inspirado exclusivamente na teoria e no método psicanalíticos para forjar o que denominamos com ele seu ensino?

Essas foram as primeiras questões que se colocaram para mim e permaneceram com vigor durante todo o processo de construção de meu trabalho. Em alguns momentos, fui cercando-as por outros ângulos e tecendo outras indagações que me serviram de referência.

Na proliferação dos modos de realizar uma pesquisa, articulando estes dois campos, não raro, busca-se harmonizar os discursos da Psicanálise e da Educação. Tentei manter a tensão existente entre as duas éticas distintas que sustentam um campo e outro. Tampouco procurei trazer uma "nova didática"a ser incorporada na e pela Educação. Interroguei se havia em Freud uma concepção de ensino e em que bases ela se sustentaria.

A literatura sobre o tema que me propus é praticamente inexistente e, embora seja muito comum a expressão "ensino de Freud", sobretudo entre psicanalistas, não se tem formalizado o que vem a ser seu ato de ensinar. Uma extensa pesquisa publicada sobre Freud e que reúne estudos biográficos, filosóficos, históricos e socioculturais é digna de nota e demonstra o grande interesse que este autor provoca na atualidade; mas entre esses estudos, esse tema em particular não foi suficientemente focalizado, o que traz alguns complicadores para desenvolver uma pesquisa.

Outro aspecto dificultador do trabalho é o problema da tradução. Fui obrigada a trabalhar com a versão brasileira das "Obras Psicológicas completas" que não é uma tradução direta do alemão. As citações que o leitor encontrará aqui foram daí retiradas. Em muitas ocasiões fiz comparações com a versão em espanhol, publicada pela Biblioteca Nueva, em 1973. Diferentemente da primeira, ela é diretamente traduzida do alemão. Certamente isso não resolveu o problema. Não há tradução sem perdas.

Para trazer a discussão sobre minha metologia de pesquisa, quero valer-me de uma metáfora utilizada por Freud.[1] Ele fala de um explorador que chega a uma

---

[1] Refiro-me ao texto "A etiologia da histeria", in: FREUD, 1976. p.218.

região pouco conhecida, mas que lhe suscita interesse pela extensa área de ruínas, com restos e fragmentos por vezes apagados e ilegíveis. O explorador pode contentar-se em inspecionar o que está visível e em interrogar a população circundante sobre o que a tradição lhes deixou da história e do significado desses resíduos, registrando as informações e dando por concluída sua tarefa. Mas pode tomar outro caminho. Dispor de instrumentos para escavar, remover o lixo e, começando dos resíduos visíveis, descobrir o que está enterrado. Se seu trabalho for bem sucedido, as descobertas são auto-explicativas: os fragmentos e inscrições podem revelar um alfabeto e uma linguagem que, uma vez decifrados e traduzidos, fornecem informações nem sonhadas. "*Saxa loquuntur!* — as pedras falam!"

Fui trabalhando, tal como esse explorador, vasculhando não só os textos de Freud, mas também suas correspondências com muitos de seus amigos ou seguidores, além da literatura que traça sua biografia e os textos de vários autores que discutem aspectos variados de sua biografia e sua obra. Busco um pouco da história da educação para situar os ares que se respirava na época em que Freud foi educado e iniciou seu ensino.

Vali-me, ocasionalmente, das interpretações de Jacques Lacan dos textos freudianos. Elas me serviram de guia. Lacan faz uma releitura de Freud e seu cuidado com o texto, com as formulações freudianas, muitas vezes negligenciadas, esquecidas ou deturpadas, permitem pensar que ele não realizou desvios.

Para pensar o ensino de Freud, é necessário precisar os ares de sua época, as relações que ele estabelecia com a sociedade em que viveu, com sua cultura de origem, com seu meio. Assim, passo a retratar a Viena de seu tempo, cidade em que viveu a maior parte de sua vida. Freud só deixou Viena em 1938, nos tempos de exílio, para refugiar-se em Londres.

Abrindo uma janela para a Viena de Freud

Freud escreve uma carta a seu amigo e interlocutor Wilhelm Fliess, em 1897, dizendo: "Sempre se permanece sendo um filho de sua época, mesmo no que se considera como verdadeiramente seu próprio."[2] Essa filiação de Freud a uma época é o que impulsiona a abrir a cortina do tempo para mostrar o que foi a Viena de sua época.

O retrato de Viena pode ser desenhado a partir de sua qualidade de Cidade Imperial, marcada por inúmeras contradições e problemas, sobretudo de ordem política como o nacionalismo fanático, o anti-semitismo, as ondas de liberalismo. Ao lado disso, o brilho da intensa floração cultural e intelectual dá a Viena uma particularidade que marcou seu lugar na história mundial. A música, a arte, a literatura, a arquitetura e a ciência reverberavam, e através destas criações pode-se também identificar o clima psicológico de Viena. Temas como o sexo, a morte, os conflitos interiores do homem e uma certa paixão pela loucura eram explorados nas obras dos artistas.

A singularidade da cultura vienense ganha fôlego nos fins do século XIX e início do século XX. Capital do império Austro-húngaro, viveu a decadência gradual e quase constante do poder dos Habsburgo, desencadeada após Carlos V. Várias estratégias políticas foram sendo construídas para impedir a derrocada do poder, como o Congresso de 1814-1815 que Viena hospedou e que decidiu a geografia e o destino da Europa; ou mais tarde, em 1873, a realização da Feira Mundial, na perspectiva de prosperidade e de fazer voltar a Viena os olhares do mundo. A Feira teve conseqüências desastrosas que vão desde a especulação no mercado de ações, o colapso da bolsa de

---

[2] MASSON, Jeffrey. *A correspondência completa de S. Freud com Wilhelm Fliess*, 1887-1904. Rio de Janeiro: Imago Editora, 1986.

valores, até a quebra dos bancos e a falência das empresas financeiras, provocando uma profunda depressão.

Quando Freud contava com três anos de idade, em 1859, o Império começa a perder as províncias mais prósperas. Na época do nacionalismo fanático, o regime dos Habsburgo não conseguia refrear os interesses conflitantes dos diferentes grupos étnicos. Embora os judeus austríacos tivessem certas restrições sociais, os jovens de talento não deixavam de ter suas aspirações. Desde 1848, ano das revoluções de todo o continente e da ascensão do Imperador Francisco José, o Império viveu reformas políticas significativas. Em 1860, ano em que a família Freud se instalou em Viena, em um bairro eminentemente judeu, uma série de decretos destinados a reforçar a autoridade tradicional teve o surpreendente efeito de liberalizar o Estado.

Com essas passagens pelo liberalismo, o comércio e os bancos, a indústria, os transportes e as comunicações realizaram avanços significativos e a revolução industrial, embora tardiamente, chegou à Áustria-Hungria.

Segundo Peter Gay, o liberalismo por mais de trinta e cinco anos — enquanto Freud crescia, estudava, casava, formava sua família e se ocupava com a criação da psicanálise —, havia sido uma tendência proeminente, ainda que, cada vez mais, sem consistência na política vienense. Nessa atmosfera, Freud sentia-se à vontade. Voltando a essas décadas, durante a velhice, ele se referiu a si mesmo como um "liberal da velha escola". "...Freud era pessimista em relação à natureza humana, logo, cético quanto a qualquer tipo de panacéia política, mas não era um conservador." (GAY, 1995:33).

A cultura moral e científica vienense praticamente não se distingue do vitorianismo corrente dos outros países europeus. Em termos morais era *"convicta, virtuosa e repressora";* em termos políticos, importava-se com o império da lei, ao qual se submetiam os direitos individuais e a ordem social.

Intelectualmente, defendia o domínio da mente sobre o corpo e um voltarianismo atualizado: progresso social através da ciência, da educação e do trabalho. (SCHORSKE, 1990:28).

Se antes de 1874 Viena cultivava a admiração do mundo com a ópera e o teatro sério, depois da decadência política e econômica intensificada pelo fracasso da Feira Mundial, começa a se destacar com a opereta. A ópera leve e a música para dançar. A valsa vienense não tardou a conquistar o mundo.

No campo da ciência, sobretudo da saúde mental, os métodos modernos de tratamento tiveram seu berço em Viena. Freud não foi o único a provocar mudanças no entendimento da sexualidade e no tratamento das doenças mentais. O Barão Von Krafft vai dar nome à paranóia e introduzi-la no debate, revolucionando também as idéias sobre as perversões sexuais. Wagner Von Jaureg descobre a aplicação da malioterapia à paralisia geral. Manfred Sakel descobriu o choque insulínico para o tratamento da esquizofrenia.

As complexidades psicológicas eram esculpidas nas obras dos grandes nomes artísticos. Arthur Schnitzler, como escritor, vai tornando-se a principal figura literária de Viena. Rilke, Gustav Klimt, Schiele e outros traziam na pintura a estranheza do "mundo interior" do homem, tal como era compreendido.

Nesse clima de virulência cultural e intelectual, Freud não era nem livre nem prisioneiro. Dos movimentos político-sociais da época em que surge a psicanálise, ocupou-se mais das questões suscitadas pelo anti-semitismo. O teatro e a ópera não eram diversões tão presentes na vida de Freud. Se a grande floração cultural de Viena inicia-se a partir de 1890, coincidindo com o período de declínio da monarquia, quando Freud retorna de Paris e começa a se interessar pelo problema das neuroses, todos esses movimentos que, para nós, tornam Viena tão significativa, sequer tinham começado.

Sua relação com Viena era absolutamente paradoxal. Ele não fez parte da vanguarda cultural e artística que elevou Viena a seu *status*. Não circulou no ambiente brilhante de Viena, confrontado com a penúria econômica. Não é um vienense, mas um judeu. Numa cidade cujo deleite é a arte, suas idéias fizeram dele um estrangeiro em sua própria casa.

No dizer de MEZAN (1996:102) se Viena se constituiu em um certo estímulo à criação da psicanálise — e podemos dizer, também ao ensino —, foi mais em função do sistema escolar que colocava os alunos em contato com o que havia de melhor na cultura ocidental. Para ele, sem pretender que Freud, como qualquer outro cidadão, tenha vivido num "vácuo histórico", o ambiente vienense não foi mais que um determinante entre outros, e essa determinação deve ser buscada muito mais na formação de Freud que no clima que se estruturou ao seu redor. O que verdadeiramente conta é a singularidade de Freud: seu gosto pelo saber e pela pesquisa, sua curiosidade científica, sua prática teórica, sua extrema meticulosidade e rigor e, mais especialmente, seu compromisso com as questões que formulava.

Freud e as rupturas com as idéias pedagógicas de sua época

Ainda para mencionar os ares que se respirava no tempo de Freud, agora no campo das idéias pedagógicas, ocupei-me em encontrar um fio condutor que me permitisse traçar um pequeno panorama da organização do trabalho pedagógico e os princípios que o fundamentam. Esse fio conduziu-me ao pensamento de quatro pedagogos cujas idéias tiveram grande repercussão na história da educação, servindo de esteio para muitos educadores até de nosso tempo. Trata-se de Pestalozzi, Herbart, Froebel e Kerschensteiner. Os três primeiros representam a tendência psicológica na educação; o último, a nova educação. Em torno de suas concepções de criança, educação e educador, traçarei um pequeno panorama daquele campo. Ao recolher as principais idéias pedagógicas, quero demonstrar como Freud operou rupturas significativas com elas, participando da gestão do social de sua época e da nossa.

Embora as idéias de Pestalozzi tenham origem no século XVIII, seu germe permanece no pensamento dos pedagogos do século XIX e até nos de nosso século. Na esteira de Rousseau, ele traz uma nova concepção de criança, produzindo, por assim dizer, uma nova representação de infância. Por sua vez, Froebel, promovendo avanços, irá organizar o trabalho escolar em torno dessas novas concepções. Em Herbart, pode-se ver a aplicação da psicologia à educação e a formalização de métodos de ensino e instrução, enquanto Kerschensteiner vai se ocupar particularmente da questão do educador.

Não vou trazer aqui as idéias de cada um deles separadamente, mas as concepções que pairavam no ar advindas de suas postulações. A educação era concebida como um meio de "reforma social", e o que se colocava como pano de fundo para essa reforma era uma preocupação com a moral, cujos meios para atingi-la encontravam-se na educação. As idéias de "aperfeiçoamento do humano no homem", a preocupação com a "educação da personalidade", o "desenvolvimento do caráter", com o "espírito moral", com o desenvolvimento dos "valores", eram recorrentes em todos esses pedagogos. A perspectiva de uma "autonomia moral" e da promoção do "bem-estar social", além da crença na "família, na religião e na lei" era vigorosa. Os "hábitos virtuosos" deveriam ser adquiridos por meio dos aspectos éticos-religiosos veiculados pela educação. A base da educação não deveria ser só a instrução, mas o governo e a disciplina.

A criança, diferenciada do adulto, passa a figurar como um ser provido de interesses e expectativas próprios.

As características do desenvolvimento biológico e psíquico são ressaltadas por todos os autores. A educação não é mais possível sem o conhecimento tanto da vida anímica quanto do desenvolvimento corporal da criança. A idéia de "maturidade" que se instalou fez com que os procedimentos educativos seguissem os interesses e capacidades da criança e não mais a lógica dos adultos. A confiança na "natureza infantil" que, se colocada em situações apropriadas, "desenvolve inclinações ativas, espírito de colaboração, sentimentos afetuosos e boa sensibilidade religiosa", justifica a preocupação com os estágios de desenvolvimento da criança.

A pedagogia era concebida como um "sacerdócio" e o educador deveria se dirigir pelo "amor pedagógico", o que lhe dava um caráter missionário. Não está em jogo o que o educador sabe, mas antes o que ele é; os valores morais que é capaz de transmitir para favorecer o desenvolvimento da "autonomia moral" e de uma educação da "personalidade". Os princípios religiosos é que davam o tom da "formação do caráter", fim último da educação.

Freud, embora tenha sido educado no momento em que vigoravam essas idéias, não se vê assim tão capturado por elas. Sua relação com a ciência não se justifica pelo desejo filantrópico de contribuir para o bem-estar da humanidade, mas pela intenção de acrescentar algo ao campo do conhecimento de um lado, e de minorar o sofrimento humano de outro, sem, contudo, manter uma promessa de felicidade.

Enquanto os pedagogos reuniam esforços no sentido de fazerem valer a moral, Freud, ao contrário, não se resvalou por esse caminho. No seu primeiro momento de relação com a educação, apostava nela como a que poderia, modificando-se, transformar o rumo dos costumes e da moral civilizada. Se as exigências pulsionais do sujeito chocavam-se com os ideais moralizantes da civilização e, desse conflito, surgia o adoecimento psíquico, a educação, vetor dessa moral, se transformada, poderia contribuir para uma certa "profilaxia"do adoecimento psíquico. O que ele esperava era que a educação, no lugar de instalar e cristalizar os valores morais, pudesse contribuir para um certo "afrouxamento" dessa moral, desses ideais da civilização, tão nocivos ao homem.

Em 1912, em seu texto "Tipos de desencadeamento da neurose", ele vai nos dizer:

> "o sujeito cai enfermo por causa de sua iniciativa de adaptar-se à realidade e de atender às exigências da realidade — tentativa no curso da qual se defronta com dificuldades insuperáveis." (FREUD, 1969:293).

Nesse sentido, suas idéias são o avesso das idéias pedagógicas que buscam, reiteradamente, a adaptação do indivíduo à realidade e aos valores sociais.

De todo discurso sobre a moral social, preconizada sobretudo por estes pedagogos, a questão da sexualidade está completamente excluída. Freud desvela esse aspecto da moral sexual repressiva que seria, em primeira instância, imputada à educação. Ele é levado a denunciar os abusos da moral sexual, que reprimem não só os atos considerados prejudiciais à sociedade, mas proíbem as intenções e até mesmo o pensamento, causando uma inibição das potencialidades intelectuais. Essa moral, que impede até mesmo o pensamento, deve-se aos preceitos religiosos que a educação reproduz. É nesse ponto que vão incidir as críticas mais severas de Freud quando, em "Uma lembrança infantil de Leonardo da Vinci" e em "O futuro de uma ilusão", vai acusar a religião de atentatória ao livre exercício do pensamento (MILLOT, 1987:16). Para Freud, além da liberalização dos costumes, o que tem de ser conseguido é uma liberação do pensamento e da palavra. Ele vai considerar, ao criar seu método clínico, a possibilidade da palavra vir no lugar do sintoma.

Se em um primeiro momento de suas elaborações, ele depositava tanta esperança na educação, seu sonho vai se esvaindo. Primeiramente porque, ao longo de seu trabalho clínico e de suas investigações científicas, dá-se conta de que as "pressões externas" desempenham um papel mais restrito na causação do adoecimento psíquico do que ele supunha. Em seguida, a cristalização da rigidez moral e a trajetória que tomava a civilização ele já não acreditava poder ver transformadas. Mesmo assim, ele não deixa de se ocupar da função da educação. Vai continuar requerendo dela o conhecimento dos desejos e dos conflitos inerentes a eles, esperando que o mal-estar pudesse ser minorado, se a educação pudesse reconhecer o real de discórdia que nossos desejos constituem.

Sua teoria da sexualidade vai, de certo modo, caminhar na contramão das idéias pedagógicas que preconizam a existência de uma "natureza infantil" capaz de ser modelada pelo processo educativo. Com seu conceito de pulsão, vai ampliar o conceito de sexualidade — entendida antes apenas na sua dimensão genital — e com ele atribuir à criança um outro lugar. A criança que os autores citados concebem é a criança "pura", "ingênua" e "tocante" de Rousseau. A adaptabilidade e a plasticidade de sua natureza encarregam a educação de sua função modeladora. Porém o que Freud entende com a pulsão é que há algo que escapa ao domínio, à modelação, à adaptação. A criança já não é inocente, pura, mas possuidora de uma sexualidade robusta, e nem por isso deixa de ser criança. Sua conceitualização da sexualidade infantil vem modificar profundamente a representação de criança do século XX.

A idéia de que se pode "crescer em harmonia" foi logo descartada por Freud que, como já disse, dá-se conta de que os ideais sociais consomem o sujeito fiel ao seu desejo.

Freud reconhecia o mal-estar conjuntural da cultura e não tinha a crença de que qualquer medida exterior, fosse ela pedagógica ou clínica, pudesse, ao "aperfeiçoar o humano no homem", prometer-lhe a felicidade.

Do mestre, Freud vai falar de uma maneira singular. Em 1914, em comemoração ao aniversário de cinqüenta anos do colégio onde estudou, dos 9 aos 17 anos, escreve um artigo entitulado "Algumas reflexões sobre a psicologia do escolar", em que ressalta o que é, para ele, o mestre:

> "É difícil dizer se o que exerceu mais influência sobre nós e teve importância maior foi a nossa preocupação pelas ciências que nos eram ensinadas ou pela personalidade de nossos mestres. É verdade, no mínimo, que esta segunda preocupação constituía uma corrente oculta e constante em todos nós e, para muitos, os caminhos das ciências passavam apenas através de nossos professores." (FREUD, 1974:286).

Aqui, ele já anuncia a importância não do que o professor "é", mas do que ele representa na economia psíquica do sujeito. Ele segue dizendo que a figura do professor não passa desapercebida, sendo "cortejado" ou rejeitado, criticado ou admirado. Em alguns momentos, eles provocam a nossa mais enérgica oposição, em outros, uma submissão completa. Bisbilhotamos suas pequenas fraquezas e nos orgulhamos de sua excelência. Esta ambivalência tão demasiadamente marcante levou Freud a buscar, nas primeiras relações objetais, sua origem. Para ele, se não levarmos em conta nossos "quartos de criança e nossos lares", nosso comportamento para com os professores não é apenas incompreensível, mas imperdoável. São os primeiros objetos a que o sujeito se acha ligado: a mãe, o pai, os irmãos, que vão ser procurados e substituídos pelos mestres. A eles são "transferidos" afetos e emoções vividos com esses primeiros objetos. Se o pai da infância é o "ideal" a ser imitado, em um certo momento da estrutura ele passa a ser o que deve ser eliminado. Ele não responde aos apelos de saber que o filho lhe endereça e isso faz com que se apresse o desligamento desse primeiro ideal. O filho descobre que ele não é o "mais sábio e poderoso", ficando insatisfeito com ele e aprendendo a criticá-lo. Nesse momento de desligamento do pai é que o sujeito encontra os professores. Transfere para eles as expectativas antes ligadas ao pai e depois também o destitui desse lugar ideal.

Essas considerações vão apontar não para a "pessoa" do professor, como querem os pedagogos, mas para sua função e seu lugar na economia psíquica do sujeito.

Assim, cotejando as idéias pedagógicas de sua época, pode-se ver como Freud foi tecendo outra forma de pensar e atuar, com diferentes aspectos contidos no ato de educar.

Os andaimes do ensino de Freud

A formação cultural e intelectual de Freud nos interessa na medida em que se constitui um dos andaimes de seu ato de ensinar. Vou assinalar algumas passagens de sua relação com a ciência, a literatura, a filosofia, a arte e o judaísmo. Certamente, não poderia esgotar aqui este tema, dada sua vastidão e complexidade. Trarei apenas de alguns aspectos que considero importante ressaltar.

Depois das primeiras lições recebidas de sua mãe, o pai de Freud toma a seu encargo sua educação, antes de matriculá-lo em uma escola particular. Ele aprende a ler com seu pai, numa Bíblia, enriquecida de comentários e ilustrações. Em 1865, contando com pouco mais de nove anos, Freud ingressa no *gymnasium*. Ali, respirava-se uma atmosfera humanística. Além das matérias ensinadas nas outras escolas, no currículo, havia seis anos para o estudo do grego e oito para o latim, e grande importância era dada à história antiga, à literatura clássica e contemporânea. (PERESTRELLO, 1996:21). A correspondência[3] ativa de Freud com um amigo romeno, Silberstein, em sua

---

[3] BOEHICH, W. (Org.). *As cartas de Sigmund Freud para Eduard Silberstein*. Rio de Janeiro: Imago Editora, 1995.

juventude, traz a riqueza de seus interesses e leituras. Ali, ele dá ênfase à literatura germânica dos séculos XVIII e XIX, começando por Lessing, passando por Goethe, Schiller, Hoffmann, Heine. Além dos clássicos gregos, latinos e alemães, Freud lê com gosto a literatura inglesa, de Shakespeare aos contemporâneos. Durante seis anos dos oito que estudou no ginásio, conservou-se como primeiro aluno da classe.

Após os conflitos para a escolha da profissão — uma vez que a um judeu vienense restava a escolha entre a indústria ou o comércio, a advocacia ou a medicina — chega à Universidade de medicina em 1873. Desses primeiros anos, as cartas para Silberstein ressaltam seus estudos de filosofia, principalmente com Franz Brentano. Com ele estuda Kant, Aristóteles, Feuerbach e outros. Brentano foi um dos psicólogos mais notáveis do fim do século passado, respondendo por uma psicologia que se distanciava daquela que se começava a praticar em termos de psicologia experimental. Propunha uma psicologia empírica, mais descritiva e menos explicativa. Mas a influência intelectual mais decisiva foi a de seu professor de fisiologia Ernest Brucke. Com ele, Freud irá trabalhar no Instituto de Fisiologia. Suas pesquisas científicas, nesse período, concorriam com seus estudos de patologia, cirurgia e outros. Em 1881, Freud concluiu os exames de medicina com o grau "excelente".

Em 1883, tornou-se assistente de Theodor Meyner, professor de psiquiatria de Viena e quem impulsionou os estudos sobre anatomia comparada. Dois anos depois, Freud recebe uma bolsa de estudos para ir a Paris, onde inicia com Jean Martin Charcot seu estágio no Hospital de Salpêtrière. O estilo científico de Charcot, que o impeliu ao estudo da psicologia, dominou Freud. Charcot resgatara a hipnose e lhe atribuía grande valor clínico. No entanto Freud retorna de Paris com muitas dúvidas intelectuais.

De volta à Viena em 1886, instala-se como médico e dirige o Departamento de Neurologia na Steindlgase, primeiro instituto público para crianças doentes. Sua prática neurológica apontava para o fato de que a maior parte dos doentes "nervosos" não apresentava lesão no sistema nervoso, e sim dificuldades psíquicas. Assim, abandona a eletroterapia e a cura das águas, concentra-se no hipnotismo e em sua variante — o método catártico de Breuer.

Nos "Estudos sobre a histeria", datados de 1893 a 1895, muitos aspectos ficam estabelecidos: o abandono da hipnose e da sugestão que deu lugar à sua descoberta fundamental do método de associação livre. Em 1896, em um artigo escrito em francês sobre a "hereditariedade e a etiologia das neuroses", emprega pela primeira vez a palavra psicanálise. "A história da psicanálise propriamente dita começa no dia da introdução da inovação técnica que consistiu no abandono da hipnose", diz Freud em "História do movimento psicanalítico".

O corte que Freud realiza com o dispositivo de Charcot consiste em deixar que o saber venha do outro. Freud nada sabia além do que o paciente viria a lhe ensinar. A psicanálise vai trazendo uma leitura da estrutura do saber a partir do inconsciente. Há uma "falha" no saber que não pode ser preenchida e que se constitui a chave de sua estrutura mesma.

Além de sua relação com a ciência, passeando pelo índice remissivo das "Obras Psicológicas completas", encontra-se uma variada fonte de citações que nos esclarece sobre a formação cultural e intelectual de Freud e, sobretudo nos situa Freud como *leitor*. Os contemporâneos mais famosos — Arthur Chinitzler, Thomas Mann, Zweig, Rilke e outros, principalmente os neo-românticos — estão presentes no seu percurso. Na Grécia Antiga, Freud vai buscar as tragédias: Ésquilo, Sófocles, Eurípedes. E as comédias, como as de Aristófanes. Dos filósofos gregos pode-se destacar pelo menos dois pensadores: um da fase pré-socrática — Empédocles, e o segundo da fase socrática — Platão. Também Sócrates. Os filósofos iluministas franceses como Diderot, assim como os utilitaristas ingleses, figuram em sua obra. Aos alemães — Kant, Schopenhauer, Nietzsche, entre outros —, Freud não deixa de referir-se. O pensador que leu com maior proveito foi Ludwig Feuerbach. Herdeiro do iluminismo do século XVII era o mais vigoroso entre os hegelianos de esquerda.

Freud escreve alguns ensaios literários. O primeiro de que se ocupou foi do livro de Jense, "Gradiva", uma novela encantadora. O tema dos "Três escrínios", abordado por Shakespeare de modo cômodo no "Mercador de Veneza" e de modo trágico no "Rei Lear", foi trabalhado por Freud com entusiasmo. Uma recordação da infância de Goethe, embora seja um estudo psicanalítico e não um estudo literário, baseado em um episódio da "Ficção e verdade", Freud interpela de forma magnífica. Entre os franceses estão Rabelais e Maupassant, tendo passado por Voltaire, Rousseau, Flaubert e Zola. Em 1930, ganha o prêmio Goethe de literatura.

Em 1914, Freud escreve seu trabalho "O Moisés de Michelangelo", no qual ele relata a natureza de sua relação com a arte. Declara não ser um conhecedor de arte, mas um leigo e que a obra de arte lhe atrai menos por suas qualidades formais e técnicas, não sendo capaz de apreciar corretamente muitos dos métodos utilizados e dos efeitos obtidos em arte. No entanto confessa que as obras de arte exercem sobre ele um "poderoso efeito" especialmente a literatura e a escultura, e, menos freqüentemente, a pintura. Mas efetivamente, o que marca sua relação com a arte é o fato de ter colecionado, durante quarenta anos, peças antigas, principalmente esculturas egípcias, gregas, romanas, orientais e asiáticas. Possuía também fragmentos de pintura em gesso, papiro e linho, além de recipientes de vidros antigos. Nos últimos anos de sua vida, acrescentou à sua coleção peças chinesas. Quando Freud morreu, as cinzas de seu corpo foram guardadas em um vaso grego.

Um aspecto importante da formação de Freud, que não se pode deixar de aventar, refere-se à sua relação com o judaísmo. É importante cotejar, sobretudo nos seus textos, a sua educação judaica e a forma como viveu o judaísmo.

Na Universidade, Freud se confronta com os problemas do anti-semitismo e já anuncia o que é, para ele, ser um judeu.

> "A universidade, a cujas aulas comecei a assistir em 1873, proporcionou-me de início algumas profundas decepções. Antes de tudo, preocupava-me a idéia de que minha pertinência à religião israelita me colocava em posição de inferioridade frente a meus colegas, entre os quais eu era um estrangeiro [...]. Nunca pude compreender por que eu deveria envergonhar-me de minha origem, ou, como então já se começava a dizer, de minha 'raça'. Por isso renunciei sem grandes emoções à conacionalidade que me era negada." (FREUD, 1970:34).

Freud havia entrado no "pacto judaico", ou seja, foi circuncidado uma semana após seu nascimento, em 13 de maio de 1856. Ele dizia no seu "Estudo autobiográfico", em 1925, que seus pais eram judeus e que ele permaneceu sendo um judeu, demonstrando uma certa indignação pelos correligionários que haviam se defendido do anti-semitismo no batismo. Mas era um judeu sem religião. Seu pai, Jacob Freud já havia se libertado das práticas hassídicas tradicionais e seu casamento com Amália Nathansohn foi realizado numa cerimônia segundo o rito reformado.

Em uma carta a Martha Bernays[4] — que se tornaria sua esposa — em 1822, parafraseando o grão-rabino Isaac Bernays, avô de Marta, Freud diz o que lhe importa no judaísmo:

---

[4] *Correspondências de amor e outras cartas*, carta nº7, de 23-7-1882.

"O judeu é a mais bela flor da humanidade, e foi criado para o prazer. Os hebreus desprezam aqueles que não possuem capacidade para gozar a vida[...]. A lei ordena aos judeus apreciarem todos os prazeres da vida, por menores que sejam, e darem graças para cada fruto que recorde o belo do mundo no qual nasceram. O judeu foi criado para a alegria, e a alegria foi criada para o judeu."

Isaac havia criado um método de educação que dava ênfase à alegria de viver e à parábola como forma de interpretação da lei e dos mandamentos. Prossegue Freud:

"... Neste método de educação existem de forma implícita enormes progressos que supõem uma espécie de educação da humanidade no sentido de Lessing. A religião deixa de ser considerada como um rígido dogma e se converte em tema de reflexão, para satisfazer um gosto artístico cultivado e as exigências mais elevadas da lógica."

Ao final da carta, diz à Martha que, embora as coisas que tornavam felizes os velhos judeus já não proporcionassem a eles um "refúgio autêntico", a "substância", a "essência" deste judaísmo, tão cheio de sentido e da alegria de viver, permaneceria para eles no lar. Se Freud podia não levar em conta as exigências da bíblia, a substância do judaísmo — a alegria e o prazer de viver são para ele a essência a ser preservada.

Por ocasião de seu 70º aniversário, em 1926, Freud recebe uma carta de felicitações da Sociedade Bnei Brit. Como agradecimento, ele redige uma carta,[5] resposta que considero importante transcrever alguns fragmentos, uma vez que ela traz elementos significativos de sua relação com o judaísmo. Freud havia se filiado a essa sociedade judaica por volta de 1897 e permaneceu membro por toda sua vida.

Nessa carta dizia que o que o ligava ao judaísmo não era "nem a fé, nem o orgulho nacional", uma vez que sempre fora incrédulo e educado sem religião, embora não "sem respeito pelas exigências da cultura humana

---

[5] Citado no *Discurso perante a sociedade dos B'Nai B'rith* (1941 [1926]).

que consideramos éticas." A religião não tem para ele qualquer importância. O mais significativo, a meu ver, consiste naquilo que Freud atribui a si, como qualidade, devido ao fato de ser judeu:

> "...Somente à minha natureza judaica devo duas qualidades que chegam a ser-me indispensáveis no difícil caminho de minha existência. Precisamente por ser judeu encontrava-me livre de muitos preconceitos que dificultavam a outros o uso de seu intelecto. Como judeu eu estava preparado para colocar-me na oposição e para renunciar à concordância com a maioria compacta." (FREUD, 1976:316).

A independência de julgamento e o uso do intelecto livre de preconceitos é o que Freud atribuía à sua natureza judaica. Para MEZAN (1985:72), a melhor prova de que Freud teve uma educação judaica, "se não esmerada, pelo menos sólida", está na comovente dedicatória hebraica que seu pai colocou na Bíblia familiar, quando, em 1891, Freud recebeu como presente pelo trigésimo-quinto aniversário. O que significa que era capaz de ler em hebraico, sem o quê seu pai não lhe teria escrito nesse idioma. As abundantes citações bíblicas contidas em sua obra revelam um conhecimento profundo da história judaica que certamente não foi adquirida no liceu austríaco.

Essa pequena incursão sobre a formação cultural e intelectual de Freud não faz mais que deixar saltar aos olhos sua relação singular ao saber.[6] Essa mesma relação é o que sustenta tanto seu desejo de aprender, quanto seu desejo de ensinar.

Para tocar diretamente às questões concernentes ao ato de ensinar de Freud, uma indagação se colocou com muito vigor: psicanálise se ensina? Essa pergunta acompanhou Freud desde o início de seu percurso de transmissão da

---

[6] A noção de "relação ao saber", embora seja uma noção da psicanálise da escola lacaniana, tem sido utilizada para aproximar os campos da Psicanálise e Educação, por diversos teóricos da Educação, tais como: Jack Beillerot, Bernard Charlot e Marcel Lesne, que têm se ocupado de organizá-la.

psicanálise e ocupa, ainda hoje, lugar central na comunidade dos psicanalistas. Não pretendo trazer aqui uma elaboração exaustiva sobre o tema, mas apenas os contornos do debate entre diversos autores, e sobretudo a posição que o próprio Freud toma em relação ao problema.

Ele inicia as "Conferências Introdutórias" de 1916, proferidas na Universidade de Viena, discutindo as "dificuldades vinculadas ao ensino, à formação em psicanálise." (FREUD,1970:28). Afirma que, diferentemente da psiquiatria, não há qualquer possibilidade de verificação objetiva da psicanálise, não porque ela não tenha um método, mas por razões da própria estrutura. Se não há possibilidade de demonstrá-la, como pode alguém aprendê-la? — ele se pergunta. Embora não possa ser facilmente aprendida, existe um método que se pode seguir, diz Freud: "aprende-se psicanálise em si mesmo." Ele segue assinalando várias outras dificuldades para o ensino, relacionadas à educação que recebemos e que nos conduz a uma forma de pensar que se distancia da psicanálise; ao fato de que as assertivas da psicanálise significam um certo 'insulto" ao mundo, uma ofensa ao pré-conceito intelectual, estético e moral; à oposição por parte dos "amigos solenes do pensamento científico" que se defrontam com o conceito de inconsciente; e a outros conteúdos apresentados pela psicanálise, como a sexualidade infantil, o complexo de édipo. Além dessas dificuldades, Freud não deixa de pontuar a questão da resistência que, tal como no decorrer de uma análise, funciona como um empecilho para o ensino à medida que o texto vai apontando para a subjetividade do aprendiz e obstruindo o caminho do saber. É preciso, por parte do interessado, um trabalho de descortinar as questões que lhe são impostas para o livre acesso ao texto ensinado. Aqui Freud já nos informa que o ensino mantém um ponto de intransmissibilidade da psicanálise. Não há saber *sobre* o inconsciente que possa ser transmitido, mas um saber *do* inconsciente a ser construído em uma análise.

Em março de 1919, Freud escreve um artigo cujo título era: "Deve a psicanálise ser ensinada na universidade?" Nesse artigo ele vai discutir a conveniência e os limites do ensino da psicanálise por meio de dois pontos de vista: o da Psicanálise e o da Universidade. Diz que a inclusão da psicanálise no currículo pode ser vista com bons olhos por todo psicanalista, mas ao mesmo tempo o psicanalista pode prescindir da psicanálise sem qualquer prejuízo para sua formação. O saber teórico que ele necessita pode ser encontrado na literatura especializada ou nos encontros científicos das sociedades psicanalíticas, bem como no contato com analistas mais experientes. A experiência prática só pode ser adquirida com sua análise pessoal. E acrescenta que se a universidade atribui algum valor à psicanálise é conveniente sua inclusão: "será suficiente que se aprenda algo *sobre* a psicanálise e que se aprenda algo *a partir* da psicanálise. (FREUD, 1976:220 — grifo do autor).

A pergunta de Freud feita em 1919 permanece ainda vigorosa entre nós e continua dividindo opiniões de psicanalistas e acadêmicos. Não quero apressar-me a uma conclusão sobre tema tão polêmico, mas posso dizer que, além da experiência singular de cada um na sua própria análise — legítimo lugar de transmissão — a psicanálise pode ser ensinada à medida que ela é também um corpo de saber no qual se inscrevem verdades. Não obstante, não parece consensual que ela possa ser ensinada pelo discurso da universidade. Muitos autores se opõem a essa assertiva, afirmando que há uma incompatibilidade entre o saber da psicanálise e o saber universitário. Em "A transmissão da psicanálise e a universidade", SILVA (1991:116) diz que

> "o saber do psicanalista é o saber do inconsciente e o discurso da universidade parte de uma tese completamente oposta a do inconsciente. No discurso da universidade a mestria que é buscada é a acumulação de saber, referente aos 'mestres', aos 'grandes autores'."

Todavia, a psicanálise comparece hoje em diferentes cursos no interior da universidade. Seria interessante, mais do que seguir a trilha do possível ou impossível, verificar as condições de seu ensino.

Se, como já foi formulado por Freud, o analista é produzido na sua análise, a transmissibilidade da psicanálise está, então, implicada nesse empreendimento. É importante assinalar que a teoria da psicanálise pode ser ensinada. A questão que está colocada é se é possível um modo de ensino da psicanálise capaz de acolher os ensinamentos do dispositivo analítico. Em outros termos, a questão fundamental de todo ensino da psicanálise — seja nas universidades ou nas sociedades psicanalíticas — é inventar uma experiência de ensino congruente com o discurso analítico. É talvez isso o que se pode extrair do ensino de Freud.

O estilo Freud

Não se pode falar de um *estilo freudiano* de ensinar, mas é possível buscar um estilo que se depreende de seu escrito, suas conferências, de sua forma de relação com o leitor e com a audiência, de seu modo pessoal de articular e tratar a teoria da psicanálise e transmiti-la: o estilo Freud.

Nas notas do editor das "Conferências" de 1915-16 e 17, uma questão curiosa que não escapa ao leitor da obra de Freud é ressaltada: Freud se utilizava das conferências como método para expor suas idéias, mas sob uma condição muito particular: ele deveria estar em vívido contato com seu auditório, real ou suposto. Ele estendia o modo de formular suas exposições a muitos de seus trabalhos que absolutamente não eram conferências, como "A questão da análise leiga" ou "O futuro de uma ilusão" e outros. Esse fato levou-me a pensar pelo menos em duas questões: no seus escritos, na dicção de sua escrita, na sua dimensão ensinante e na "fabricação" do leitor. Esta parece ser uma demonstração, em ato, de que ensinar é criar um leitor.

Antes de referir-me a seus escritos, gostaria de trazer algumas pontuações sobre seu estilo oral. Os que puderam observar seu estilo oral dizem que "era simples, conciso e de uma fluência excepcional." (Mahony, 1992: 201) cita alguns exemplos de pessoas que o conheceram, dizendo que o discurso de Freud era "inciso, imaginativo, repleto de metáforas e de histórias" e que ele falava como "um livro". No dizer de Jones (1975: 341), ele era um conferencista fascinante e raramente preparava suas palestras. Quando Jones lhe pergunta qual será o assunto da conferência, ele responde: "Ao menos se eu soubesse! Deixo o assunto ao meu inconsciente." Falava de maneira íntima e coloquial e não se valia da oratória, e preferia, por isso mesmo, reunir a platéia mais perto de si.

No escrito, criava quase sempre um interlocutor imaginário, dando voz a ele. Assim ele usava do gênero do diálogo com freqüentes "implicações socráticas".[7] Esse estilo vai permitindo ao leitor criar-se no texto e participar do processo de produção de conhecimento, sobretudo à medida que o texto vai veiculando as perguntas que levaram o escritor a tomar um ou outro caminho. Freud citava com desenvoltura o dito francês: "para fazer uma omelete é preciso quebrar os ovos". Destrinchando a teoria, ele propicia ao leitor sua entrada no texto que o auxilia na sua própria produção. É impossível ler Freud sem se interrogar com ele ou a partir dele, sem ver surgir questões que nos são próprias, que nos enviam a nossa própria experiência, que nos suscitam curiosidade, colocando o saber em trabalho.

---

[7] WITTELS, Sigmund Freud: His Personality His Teaching, and his School. apud in: MAHONY. *Freud como Escritor*. Rio de Janeiro: Imago, 1992. "Freud gostava muito de usar o método socrático. Ele interrompia sua exposição formal para fazer perguntas ou sugerir críticas."

Suas referências, muitas vezes ancoradas no cotidiano, colhidas na experiência comum, compartilhada, e a articulação de seus enunciados teóricos com fragmentos clínicos, trechos literários, cultivam no leitor uma entrada no texto que se entrelaça ao seu próprio. Freud passeia pela arte, religião, oferece imagens e palavras, para propiciar a entrada no tema; vai enlaçando saberes de outros campos da ciência, da literatura, dos ditos populares. Seu texto traz essa marca: a de um escrito compartilhado. Essa também é a única forma de lê-lo: compartilhando-o.

Contudo a marca mais significativa de seu escrito é a sua fidelidade com sua própria descoberta: a do inconsciente. Nos volteios do texto, essa questão jamais deixou de ocupá-lo e de levar o leitor a ocupar-se dela. Em várias passagens ele, com o trabalho do saber inconsciente nele, e em quem o lê. Em uma carta a Fliess, de 7 de julho de 1898, ele diz de um de seus livros:

> "Ele segue completamente os ditames do inconsciente, segundo o célebre princípio de Itzig, o viajante dominical: 'Itzig, para onde você vai? — E eu sei? pergunte ao cavalo.' Não iniciei um só parágrafo sabendo onde iria terminar." (FREUD, 1996:320).

Desse modo, o escrito de Freud vai se transformando em escritura graças às emergências do inconsciente. Há sempre uma indicação de brechas no encadeamento lógico dos acontecimentos e dos argumentos, e nunca é uma elaboração fechada, completa, totalizante, mantendo "as brechas sempre lá, nos interstícios da escritura". Isso funciona como condição de possibilidade para que o leitor se implique a partir daquilo que falta ao texto (BIRMAN,1996:78-79). O texto, ao dizer ao leitor algo de maneira surpreendente, possibilita uma experiência do inconsciente. E é, por isso mesmo, antes de tudo, uma escritura que ensina. Não obstante, esse ensino traz uma particularidade importante. Ele coloca o sujeito não só em relação ao saber — e em uma relação ao saber diferente da que se produz no ensino acadêmico, uma vez que este não considera as emergências do inconsciente — mas também, e por isso mesmo, em relação aos efeitos de verdade. Atento a essas questões, trabalhava contando com as resistências de seus ouvintes e leitores e, por isso, solicitava que eles suspendessem o julgamento para "deixar que o assunto agisse sobre eles."

Freud muito cedo entendeu que o ensino da psicanálise — e talvez se possa estender isso quanto ao ensino de um modo geral — não seria uma mera transmissão de saber, ou um gesto de repassar conhecimento, ou ainda um movimento onde um aprende o que o outro ensina. Em vários momentos de seu ensino, ele traz a oposição entre saber e verdade, situando esta última no lugar daquilo que traz desprazer ao sujeito, daquilo que causa horror, daquilo que o sujeito nada quer saber. A disjunção entre saber e verdade faz com que Freud conclua que o saber não opera nenhuma mudança no sujeito. O saber não é a causa imediata de mudança subjetiva. "Aumentamos seu saber, mas, por outro lado, nada modificamos nele," diz Freud, em "Análise terminável e interminável", em 1937. Essa frase aponta para a impotência epistêmica, a impotência do saber como tal, tão cobiçado no discurso universitário. Na quarta parte deste mesmo trabalho, Freud lembra que as crianças reagem contrariamente ao saber que lhes é oferecido.

> "Quando fornecemos às crianças esclarecimentos sexuais (estou longe de sustentar que isso é prejudicial ou desnecessário) após tais esclarecimentos, as crianças sabem algo que não conheciam antes, mas não fazem uso do novo conhecimento que lhes foi oferecido." (FREUD, 1975:266).

Freud dedica-se inicialmente a entender a origem do pensamento. Em sua pesquisa, toma o conjunto de concepções e reflexões das próprias crianças, concluindo que do vazio que incita e incomoda, as crianças elaboram teorias. Ao mesmo tempo ele confronta-se com um fato importante e de grande valor para os que se dedicam à educação: dá-se conta de que as crianças, embora sejam trabalhadas pela "pulsão do saber", tecem suas teorias que viriam como resultado de uma renúncia ao saber, uma certa paixão pela ignorância, justamente aí onde a verdade faz seu lastro.

Frente à diferença, está aberto ao sujeito o caminho do não querer saber. O saber tem estreita relação com o desejo, com a revelação do que causa o desejo. O que implica que, no domínio do saber, tal como no domínio do desejo, algo escapa ao sujeito. Há um "quero saber" que surge como uma demanda, enquanto no registro do desejo há o "não quero saber." O sujeito só pode reconhecer-se como desejante saber, dedicando-se a busca de um não sabido, a partir de um ponto de falta dos desfiladeiros da castração. Essas postulações apontam para um debate importante no campo da educação, uma vez que tocam diretamente nos chamados "problemas de aprendizagem". Certamente, um educador desavisado de que o saber e o não-saber, formando uma unidade ambígua e contraditória, dão à aprendizagem um caráter problemático, tratará as questões decorrentes disso no registro do patológico.

O ensino de Freud traz essa marca. Ele não se deixava levar por uma posição exclusivamente de mestria, contando com os avatares da relação do sujeito ao saber (e ao não-saber). Ele formula que o sujeito é como um buraco no texto. As pessoas que lêem os textos psicanalíticos (ou outro texto) são estimuladas apenas por aquelas passagens que sentem aplicarem-se a elas — isto é, que interessam a conflitos ativos nela. Ele compreende que não basta "oferecer" saber, mas que este tem que ser produzido pelo sujeito e o será na relação do sujeito com sua própria verdade. Ao mesmo tempo, conta com os pontos de não saber inerentes à relação do sujeito com o desejo. Nesse aspecto, pode-se fazer uma distinção entre o ensino de Freud e o ensino de modo geral.

Freud ocupou-se também de explicitar os métodos dos quais se utilizava para fazer seu ensino. Ao mesmo tempo, o modo de ensinar de seus mestres não passou desapercebido. Ele faz algumas referências a ele em meio às suas discussões. Quando refere-se a seu mestre Charcot, ele o faz considerando seus dons e o considera exímio. Certamente, seu modo de ministrar seus cursos, por tê-lo impressionado tanto, constituiu para ele uma certa fonte de inspiração. Em 1893, poucos dias após a morte de Charcot, Freud escreve um artigo onde retrata o que foi para ele o ensino de Charcot.

Diz Freud:

> "Como professor, Charcot foi positivamente fascinante. Cada uma de suas aulas era uma pequena obra de arte na construção e na composição; era formalmente perfeita e tão marcante, que pelo resto do dia não conseguíamos expulsar de nossos ouvidos o som de suas palavras nem de nossas mentes a idéia que demonstrava." (FREUD, 1976:28).

Freud se impressionava com o fato de que Charcot trazia em suas exposições casos completamente desconhecidos, expondo-se "a todos os erros de uma primeira investigação" e, sobretudo com o fato de admitir não poder chegar, às vezes, a nenhum diagnóstico ou, então, ter-se enganado com as aparências "pondo de lado sua autoridade". Freud se encantava com a relação que Charcot tinha tanto com o saber, quanto com seus alunos.

> "Nunca parecia maior à sua audiência do que nos momentos quando, apresentando uma versão mais detalhada de seus processos de raciocínio e mostrando com toda franqueza suas dúvidas e hesitações, procurava estreitar desforma a distância entre o professor e o aluno." (FREUD, 1976:29).

No seu texto "A história do movimento psicanalítico" de 1914, ao fazer referência a seus mestres, Charcot, Breuer e Chrobak, disse: "Eles me transmitiram um conhecimento que, a rigor, não possuíam." (FREUD, 1974:23).

Essa frase nos informa como Freud pensava o ensino, a relação do ensinante com o aluno, os efeitos dessa relação na produção de conhecimento do aluno. A transmissão, para Freud não é de um conhecimento: é de algo que toca o sujeito e o compele a produzir um saber segundo a forma pela qual é sustentado o ato de ensinar. Freud diz ter ouvido algo dessas pessoas que não pôde, na época, compreender, mas que tinha ficado presente nele durante anos e que despertou sob a forma de uma descoberta original. Acrescenta ainda que aqueles mestres não reconheceram nas idéias dele as suas próprias. Eles transmitiram algo que não sabiam que sabiam.

Freud demonstrava sua preocupação com o que vou chamar aqui de "um método para ensinar". Isso pode ser identificado desde o início de sua obra quando ele, numa carta a Breuer, em 29 de junho de 1892, pondera sobre a forma com que deveriam organizar e expor os "Estudos sobre a histeria":

> "A principal questão é, sem dúvida, se devemos descrever o assunto de *maneira histórica* e iniciá-lo com todos dos melhores casos clínicos ou, se por outro lado, principiamos pela *exposição dogmática* das teorias que elaboramos como explicação." (FREUD, 1975:208 — grifos meus).

Em muitos de seus trabalhos pude vê-lo contrastar aquilo que chamou "método dogmático" e "método genético ou histórico". Em 1940, no "Esboço de psicanálise" ele diz que o método dogmático permite enunciar de maneira "concisa e nos termos mais inequívocos". Sua intenção, naturalmente não é "compelir à crença ou despertar convicção". Nesse método, o autor principia por declarar suas conclusões. Ele "começa diretamente pelo enunciado de suas conclusões. Suas premissas fazem exigências à atenção e à crença da audiência e muito pouco lhes é aduzido em apoio." (FREUD, 1975:315).

É em 1940, no texto entitulado "Algumas lições elementares de Psicanálise", que Freud vai se ater a distinguir um método e outro e assegura que qualquer um que se disponha a introduzir algum ramo do conhecimento, ou de pesquisa para um público não instruído, tem de fazer sua escolha entre esses métodos.

Do método genético[8] ou histórico, vai dizer que ele parte daquilo que o leitor sabe, sem contradizê-lo. Logo se poderá chamar sua atenção para fatos que lhe sejam conhecidos e que ele considerou de modo insuficiente. Partindo deles, podem ser apresentados novos fatos e preparar o leitor para *"ultrapassar seus juízos anteriores"* e de considerar novos pontos de vista e novas hipóteses. Assim é possível que *"ele tome parte na construção de uma nova teoria"*. Freud utiliza estrategicamente a combinação entre esses dois métodos. Pode-se encontrar dispersa em sua obra a utilização de cada um desses métodos em diferentes momentos. Nas "Cinco lições de Psicanálise" ele se utiliza do método genético. Vai, ao longo das conferências, descrevendo como a psicanálise foi inventada e o tortuoso caminho de elaboração pelo qual passou; se adianta algumas vezes ao interlocutor e vai construindo com ele sua elaboração, supondo o tipo de questão que sua fala poderia suscitar. No "Esboço de Psicanálise", Freud diz utilizar-se do método dogmático. Ele parte de suas conclusões acerca da psicanálise, sem, contudo, mostrar como desenvolveu sua pesquisa. Segundo ele, o "leitor crítico" deve se perguntar: "Tudo isso soa muito peculiar, de onde foi que esse sujeito o tirou?" (FREUD, 1975:315). Freud achava que através desse método ele poderia expor de maneira "concisa"e "inequívoca". Curiosamente, com o termo conciso que significa exposição

---

[8] Ao trazer o método genético não poderia deixar de referir-me à epistemologia genética de Jean Piaget, muito difundida no campo da educação. O que Freud chama de método genético não parece ter dissonâncias com o que Piaget entende por epistemologia genética.

das idéias em poucas palavras, suscinto, resumido, preciso, exato, Freud já estava anunciando a necessidade de inventar algo que pudesse operar um certo esvaziamento de sentido que o ensino da psicanálise impõe.[9]

Do ensino *de* Freud ao ensino *em* Freud

Agora se torna necessário operar uma passagem do ensino *de* Freud ao ensino *em* Freud. Não para engendrar uma idéia de que podemos extrair de Freud uma prescrição pedagógica a ser aplicada na e pela educação, ou de que se poderia ter uma nova didática a partir dele. Não se trata absolutamente disso. Apenas julgo importante tomar uma certa distância do ensino de Freud e pinçar alguns elementos que possam ser formalizados a partir da pergunta: seria possível extrair do ensino de Freud uma concepção de ensino? Em que bases ela se sustentaria?

Uma experiência de ensino em Freud é marcada, primeiramente, pela consideração do inconsciente que trabalha naquele que ensina e naquele que aprende. Isso significa ter que contar nessa experiência com inibições, resistências, com o amor e o ódio que a transferência provoca e também com os momentos criativos de cada sujeito envolvido. Esta postulação parece óbvia, mas é necessário reafirmá-la, uma vez que, a Educação, tendo na psicologia seu lugar de ancoragem, desconsidera as emergências do inconsciente na prática educativa.

---

[9] Jacques Lacan levou esta proposta à sua radicalidade com o *matema*. Se o equívoco está do lado do significante, é na letra que o inequívoco poderia se instalar. Ele tenta escapar do caráter descritivo que ele qualifica de "linguisteria". Admite que existem enunciados que são inacessíveis, apesar de verdadeiros, permanecendo numa certa exclusão em relação ao saber. A partir daí vai privilegiar o escrito mais que a palavra para o inconsciente. A própria conceitualização psicanalítica, que visa tangir algo da ordem do indecifrável, do indizível, se embaraça com o excesso de sentido e com os problemas da transmissão. Desse modo, ele apostou no *matema* como um instrumento privilegiado de transmissão da psicanálise.

Mas de que modo a experiência de ensino em Freud considera a existência do inconsciente nesse ato? Em princípio, na própria relação do sujeito ao saber. Freud considera que há uma (in)"disposição" estrutural que impede o sujeito de relacionar-se com determinados conteúdos ensinados. Tanto que o aluno não tem de dar provas de tudo que estava no "programa". Há lugar para uma certa recusa de saber que muitas vezes se dá à revelia do sujeito e isso não constitui seu fracasso, mas seu recurso frente ao insuportável de saber. Há um saber que trabalha no sujeito e que o sujeito nada sabe desse saber. No intimismo da relação do sujeito ao saber, algo pode escapar-lhe. Algo que toca o desejo, o objeto do desejo e surge como proibição de saber. O "comércio amoroso", implicado na relação do sujeito ao saber, tem como conseqüência momentos de prazer, mas também de sofrimento, sobretudo quando a verdade é "re-velada". Assim, o acesso ao saber, a apropriação, a invenção, os investimentos são entendidos como particulares.

Outra questão que se depreende do ensino em Freud é a existência da transferência — um amor que se dirige ao saber — e que não é privilégio da relação analítica, mas encontra-se disseminada em qualquer relação do sujeito com o Outro. Para explicar a transferência, a hipótese do inconsciente é necessária. O inconsciente pensado com um saber que trabalha. Um saber que designa as determinações que regem a vida de um sujeito, mas um saber que escapa ao sujeito, constituindo-o, embora ele o ignore. É, então, pela transferência, entre outras formas, que o inconsciente pode se manifestar. A transferência é comumente pensada como um sentimento ou um transporte amoroso. Mas este não é o sentido que a psicanálise lhe dá. Pode-se falar de amor de transferência, mas ela não é o amor, ela provoca o amor. Freud define inicialmente a transferência como um deslocamento de palavra ou de uso, pelo desejo, de formas a ele alheias, mas de que ele se apodera, dando a significação que lhe aprouver.

Em outro momento, Freud vai postular que a transferência se produz quando o desejo se liga a um traço da pessoa do analista, aparecendo com a função de interromper as associações inconscientes, figurando também como algo que está ligado à repetição. São reimpressos na e pela transferência aquilo que o sujeito viveu no decorrer de sua história e, por isso mesmo, pode surgir como resistência. Ela é, então, ao mesmo tempo, a chave e a fechadura, o que permite a manifestação do inconsciente, mas também seu fechamento.

Pois bem, trouxe esses apontamentos sobre a transferência para dizer do que se passa na relação ensinante-aprendiz. A experiência de ensino em Freud conta com os avatares da transferência. O professor é objeto da transferência e entra, com seu ser, na economia libidinal do aluno. Isso pode possibilitar tanto que o sujeito produza um saber quanto que se feche a essa experiência. Pode levar tanto a uma produção quanto a uma destituição dessa possibilidade, segundo o lugar que ocupa para o aluno e segundo também o tratamento que o professor venha dar ao que desponta dessa e nessa relação.

A experiência de ensino em Freud aponta para o fato de que o material ensinado trabalha aquele que ensina e aquele que aprende. É comum, para se pensar no ensino, recorrer somente à didática, ao método de ensinar e ao programa de ensino que encerra o conteúdo a ser ensinado, muitas vezes, prescrito por outro. No entanto, o que se pode aprender em Freud, é que não há controle do ensinante sobre aquilo que ensina, tampouco, sobre o aprendiz. O conteúdo a ser ensinado é trabalhado por ele; no entanto, antes, trabalha nele e com ele. Diz Freud:

> "Eu não estou tão fascinado por minha habilidade de exposição a ponto de dizer que cada um dos seus defeitos artísticos tem um encanto peculiar. Creio que poderia ter sido mais vantajoso para vocês, se eu tivesse procedido de modo diferente, e essa era minha intenção. Mas nem sempre podemos concretizar nossas boas intenções. Existe muitas vezes alguma coisa no próprio material que se encarrega de nos desviar das intenções iniciais. Até mesmo um acontecimento banal, como a organização de um item familiar do material, não está inteiramente submetido à escolha pessoal do autor; ela toma a direção que quiser, e tudo que podemos fazer é nos perguntar, depois do evento, por que aconteceu dessa maneira e não de outra." (FREUD, 1976: 442).

Assim, o ensinante não está isento de repercussões que possam ter sobre ele a matéria de seu ensino. Isso pode acarretar omissões, embaraços, dificuldades de comunicar o assunto, inibições, deturpações, mas também, em outros momentos, uma maior legitimidade. O mesmo pode se dar com aquele que aprende. Uma dada matéria pode causar nele impressões e efeitos que o impedem de aprender o que está sendo ensinado, assim como pode levá-lo longe. Isso pode ser compreendido, a partir de Freud, pela antinomia entre saber e verdade. O sujeito dá uma significação particular ao que ensina e aprende. O saber sofre sortes diversas de acordo com a administração que dele se faça e, em muitas ocasiões, essa administração se dá às expensas do próprio sujeito que a realiza.

A implicação do aprendiz com aquilo e naquilo que está sendo ensinado é recorrente na experiência de ensino em Freud. Para concretizá-la, ele usa de situações do cotidiano do aprendiz, de suas vivências, levando-o a considerá-las para o entendimento do assunto e tomando-as como um instrumental para pensar.

A transmissão é de um saber que não se sabe. Essa proposição pode ser sustentada pela frase de Freud referente aos seus professores: "Eles me transmitiram um conhecimento que, a rigor, não possuíam." Como pode alguém transmitir um conhecimento que não possui? Com esta formulação Freud nos informa sobre sua concepção de ensino e transmissão. Freud acrescenta que aqueles que lhe transmitiram aquele conhecimento não se reconheceram nele, como se lhes fosse absolutamente alheio. Mas Freud reconhece como algo que veio deles e que ficou guardado ou esquecido, retornando como uma idéia original, levando-o a produzir um saber. Essa formulação nos permite pensar no ato de ensinar. Primeiro, que a constituição do saber por um aluno tem vicissitudes que aquele que ensina ignora. Depois, a de que a transmissão pode acontecer sem uma mediação do saber e na presença-ausência, por assim dizer, daquele que ensina, no vazio que ele deixa, para que o desejo de saber se instaure no outro. Na possibilidade do aluno operar uma dessuposição de saber naquele que ensina. O efeito produzido por aquele que ensina escapa-lhe, posto que existe um saber do qual o sujeito nada sabe e, mesmo sendo desconhecido e estranho ao sujeito, pode sustentar o desejo tanto de saber, quanto de ensinar. A transmissão vai acontecer se o desejo daquele que ensina suporta o desejo de saber do aprendiz, deixando-se guiar pelo seu próprio desejo de saber. Nesse sentido, o ensino pode ser pensado pela via de um saber que não se sabe.

Considerando o método de ensinar de Freud, pode-se dizer que a combinação entre o método genético e o dogmático, leva o aluno ora a se confrontar com afirmações, com axiomas, premissas e conclusões apresentadas por aquele que ensina, ora a participar da construção da teoria. Não se trata para ele, de compelir à crença, mas de estimular o pensamento. Antecipando-se às questões que possam surgir, vai enlaçando o leitor no texto e fazendo-o se deparar com as interrogações do autor e com as suas próprias, podendo realizar seu desenlace do texto. No dizer de BIRMAN (1996:78), Freud deixa ao leitor a possibilidade associativa, pelas brechas no texto, pela descontinuidade e rupturas de que o texto está permeado, o leitor é colocado como intérprete e se vê tentado a costurar os fragmentos dispersos no texto.

O discurso de Freud é, com freqüência, muito mais interrogativo e deixa transparecer os pontos de equívocos, de hesitação, de obscuridade. Aquele que ensina é um sujeito dividido. Sua construção é ordenada por aquilo que ele não sabe, mas interroga. Nesse sentido, Freud destitui a posição de mestria que tende a negligenciar os pontos de não-saber, o furo no saber, sua incompletude, sua face de não-todo.

Os recursos de que se utilizava para realizar seu ensino não têm nada que mereça destaque. Ele usava dos instrumentos tradicionais de ensino: conferências, palestras, escritos. No entanto, a qualidade de autor daquilo que ensina faz dele um ensinante, de certo modo, especial. Ele não professa teorias dos outros, embora recorra a elas para ensinar a sua; ele não reproduz saber. O traço marcante de seu percurso no ensino é o fato de estar em permanente pesquisa, deixando questões em aberto para que aquele que aprende com ele (ou a partir dele) se interrogue e se implique no que está sendo ensinado, constituindo seu próprio saber. O que faz com que seu ensino tenha importância é o fato de considerar sempre o trabalho do inconsciente não só daquele que aprende, mas também daquele que ensina. É a forma como trata a questão do saber (e do não-saber). É o entendimento de que se pode transmitir sem o saber. Se há uma "pedagogia" em Freud, é a partir desse ponto que ela se sustenta e se conduz.

Ensinar, em Freud, é então, *criar um leitor*. Um leitor que não apenas lê o texto, mas "lê-se" no texto e a partir do texto, para fazer disso uma escrita. Essa é a ética do ensino de Freud.

Referências bibliográficas

BIRMAN, Joel. *Por uma estilística da existência*. São Paulo: Editora 34, 1996.

BOEHLICH, W. *As cartas de Sigmund Freud para Eduard Silberstein*. Rio de Janeiro: Imago, 1995.

FREUD, S. *Moisés de Michelângelo*. Rio de Janeiro: Imago, 1970. (Edição Standard Brasileira das Obras Psicológicas Completas de S. Freud, v.XIII.).

FREUD, S. *Estudo autobiográfico*. Rio de Janeiro: Imago, 1970. (Edição Standard Brasileira das Obras Psicológicas Completas de S. Freud, v.XX.).

_____. *Conferências introdutórias sobre Psicanálise*. Rio de Janeiro: Imago, 1970. (Edição Standard Brasileira das Obras Psicológicas Completas de S. Freud, v.XV.).

_____. *Sobre o início do tratamento*. Rio de Janeiro: Imago, 1969. (Edição Standard Brasileira das Obras Psicológicas Completas de S. Freud, v.XII.).

_____. *Sobre o ensino da Psicanálise nas universidades*. Rio de Janeiro: Imago, 1976. (Edição Standard Brasileira das Obras Psicológicas Completas de S. Freud, v.XVII.).

_____. *História do movimento psicanalítico*. Rio de Janeiro: Imago, 1976. (Edição Standard Brasileira das Obras Psicológicas Completas de S. Freud, v.XIV.).

_____. *Linhas de progresso da teoria psicanalítica*. Rio de Janeiro: Imago, 1974. (Edição Standard Brasileira das Obras Psicológicas Completas de S. Freud, v.XVII.).

_____. *A questão da análise leiga*. Rio de Janeiro: Imago, 1976. (Edição Standard Brasileira das Obras Psicológicas Completas de S. Freud, v.XX.).

_____. *História do movimento psicanalítico*. Rio de Janeiro: Imago, 1974. (Edição Standard Brasileira das Obras Psicológicas Completas de S. Freud, v.XIV.).

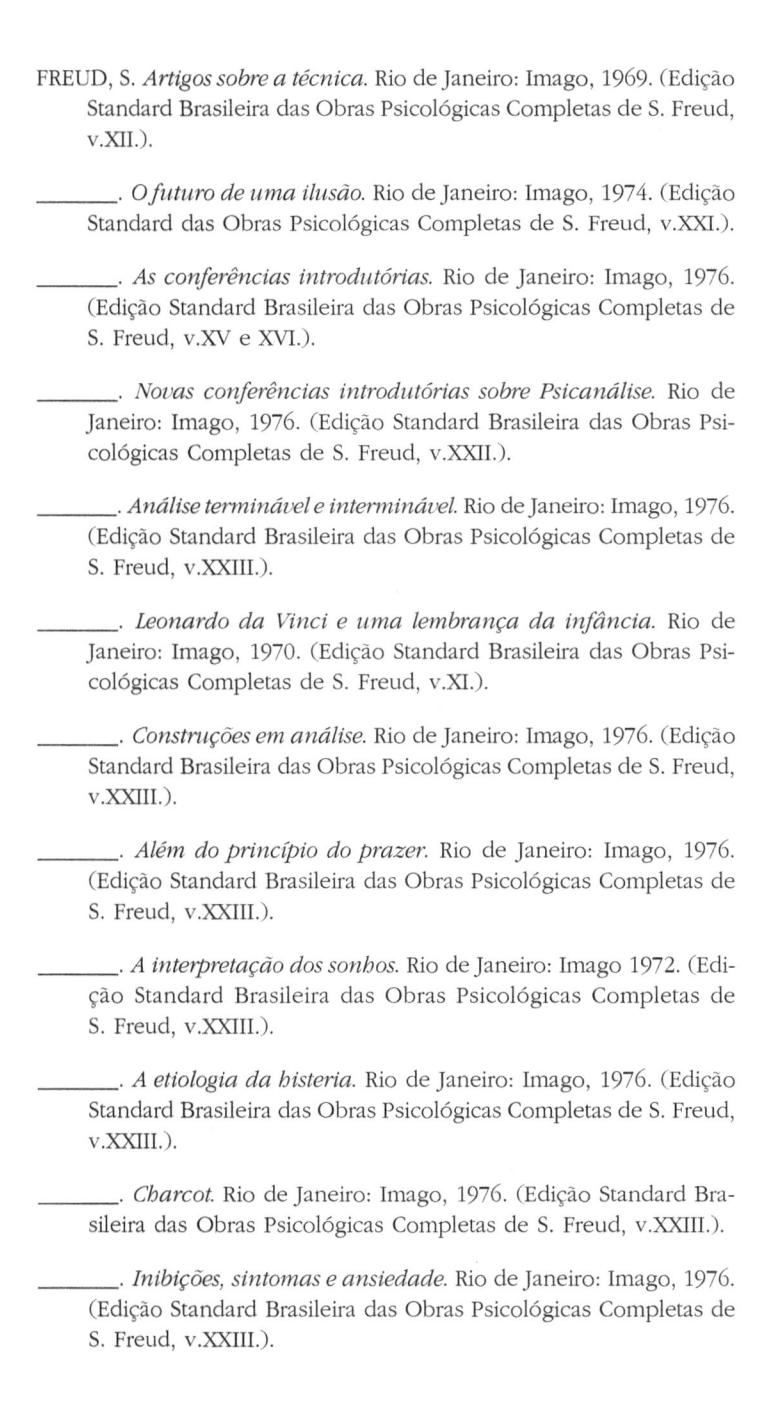

FREUD, S. *Artigos sobre a técnica*. Rio de Janeiro: Imago, 1969. (Edição Standard Brasileira das Obras Psicológicas Completas de S. Freud, v.XII.).

_____. *O futuro de uma ilusão*. Rio de Janeiro: Imago, 1974. (Edição Standard das Obras Psicológicas Completas de S. Freud, v.XXI.).

_____. *As conferências introdutórias*. Rio de Janeiro: Imago, 1976. (Edição Standard Brasileira das Obras Psicológicas Completas de S. Freud, v.XV e XVI.).

_____. *Novas conferências introdutórias sobre Psicanálise*. Rio de Janeiro: Imago, 1976. (Edição Standard Brasileira das Obras Psicológicas Completas de S. Freud, v.XXII.).

_____. *Análise terminável e interminável*. Rio de Janeiro: Imago, 1976. (Edição Standard Brasileira das Obras Psicológicas Completas de S. Freud, v.XXIII.).

_____. *Leonardo da Vinci e uma lembrança da infância*. Rio de Janeiro: Imago, 1970. (Edição Standard Brasileira das Obras Psicológicas Completas de S. Freud, v.XI.).

_____. *Construções em análise*. Rio de Janeiro: Imago, 1976. (Edição Standard Brasileira das Obras Psicológicas Completas de S. Freud, v.XXIII.).

_____. *Além do princípio do prazer*. Rio de Janeiro: Imago, 1976. (Edição Standard Brasileira das Obras Psicológicas Completas de S. Freud, v.XXIII.).

_____. *A interpretação dos sonhos*. Rio de Janeiro: Imago 1972. (Edição Standard Brasileira das Obras Psicológicas Completas de S. Freud, v.XXIII.).

_____. *A etiologia da histeria*. Rio de Janeiro: Imago, 1976. (Edição Standard Brasileira das Obras Psicológicas Completas de S. Freud, v.XXIII.).

_____. *Charcot*. Rio de Janeiro: Imago, 1976. (Edição Standard Brasileira das Obras Psicológicas Completas de S. Freud, v.XXIII.).

_____. *Inibições, sintomas e ansiedade*. Rio de Janeiro: Imago, 1976. (Edição Standard Brasileira das Obras Psicológicas Completas de S. Freud, v.XXIII.).

FREUD, S. *O interesse científico da psicanálise*. Rio de Janeiro: Imago, 1974. (Edição Standard Brasileira das Obras Psicológicas Completas de S. Freud, v.XXIII.).

_____. *Algumas reflexões sobre a psicologia do escolar*. Rio de Janeiro: Imago, 1974. (Edição Standard Brasileira das Obras Psicológicas Completas de S. Freud, v.XXIII.).

_____. *Algumas lições elementares de psicanálise*. Rio de Janeiro: Imago, 1975. (Edição Standard Brasileira das Obras Psicológicas Completas de S. Freud, v.XXIII.).

_____. *Discurso perante a Sociedade dos B'NAI B'RITH*. Rio de Janeiro: Imago, 1976. (Edição Standard Brasileira das Obras Psicológicas Completas de S. Freud, v.XXIII.).

_____. *Carta ao editor do Centro de Imprensa judaica em Zurique*. Rio de Janeiro: Imago, 1976. (Edição Standard Brasileira das Obras Psicológicas Completas de S. Freud, v.XXIII.).

_____. *Tipos de desencadeamento da neurose*. Rio de Janeiro: Imago, 1969. (Edição Standard Brasileira das Obras Psicológicas Completas de S. Freud, v.XXIII.).

GAY, P. Sigmund Freud: um alemão e seus dissabores In: SOUZA, Paulo César (Org.). *Sigmund Freud e o gabinete do Dr. Lacan*. São Paulo: Brasiliense, 1989.

_____. *Freud, uma vida para nosso tempo*. São Paulo: Cia. das Letras, 1995.

JONES, E. *Vida e obra de Sigmund Freud*. Rio de Janeiro: Jorge Zahar Ed., 1975.

KUPFER, Maria C. *Freud e a Educação, O mestre do impossível*. São Paulo: Scipione, 1989.

LACAN, J, O Seminário — Livro 7. *A ética da psicanálise*. Rio de Janeiro: Jorge Zahar Ed., 1988.

_____. O Seminário — Livro 11. *Os quatro conceitos fundamentais da psicanálise*. Rio de Janeiro: Jorge Zahar Ed., 1985.

MAHONY, Patrick. *Freud como escritor*. Rio de Janeiro: Imago, 1992.

MASSON, J. *Correspondência completa de Freud para Wilhelm Fliess*, (1887-1904). Rio de Janeiro: Imago, 1985.

MILLOT, Catherine. *Freud antipedagogo*. Rio de Janeiro: Jorge Zahar Ed., 1987.

MEZAN, Renato. Viena e as origens da psicanálise. In: *A formação cultural de Freud*. 1996.

_____. *Freud, o pensador da cultura*. São Paulo: Brasiliense, 1985.

_____. *Freud e o judaísmo*. Ressonâncias. Rio de Janeiro: Imago, 1995.

PERESTRELLO, M. (Org.). *A formação cultural de Freud*. Rio de Janeiro: Imago, 1996.

ROZA, Garcia, A pesquisa acadêmica em Psicanálise. In: *Anuário brasileiro de Psicanálise*, Rio de Janeiro: Relume Dumará, 1992-93.

SALAMANDRA CONSULTORIA EDITORIAL LTDA. *Sigmund Freud e arqueologia*. Sua coleção de antigüidades. Rio de Janeiro, 1994.

SCHORSKE, C. *Viena fin-de-siècle*. São Paulo: Cia. das Letras, 1990.

SIMITIS, Ilse. *De volta aos textos de Freud*. Dando voz a documentos mudos. Rio de Janeiro: Imago, 1995.

SOLER, Colette. *Artigos clínicos, transferência, interpretação, psicose*. Salvador: Editora Fator, 1991.

O relacional e o seu avesso na ação do bom professor

Marcelo Ricardo Pereira

Bons professores, fenomenologicamente

Ao se observar a performance de professores, é possível notar as acentuadas diferenças de perfis de docentes muitas vezes subordinados ao mesmo ambiente institucional ou às mesmas condições de trabalho. Como afirmou Philippe Perrenoud (1993), muitos professores, na realidade, não dominam completamente o que ensinam e nem têm tempo e estímulo para aprofundarem em questões acerca do conteúdo que ministram. Geralmente, no decorrer do ano letivo, não conseguem cumprir todo o programa previsto nos *planos-de-curso*, ministrando aulas sem muitos recursos ou inovações. Em grande parte, avaliam mal o que foi ensinado, improvisando "provas", repetindo exercícios ao longo dos vários anos letivos e corrigindo superficialmente os inúmeros "trabalhos" e "avaliações" acumuladas no decorrer dos períodos. Tais professores tendem a transformar suas tarefas em rotinas irrefletidas, e boa parte destes considera sua profissão como um complemento de subsistência por possuírem outros empregos em áreas diversas e revelarem outros interesses. Também nesses casos, a relação com os alunos tende a ser questionada. Seus esforços parecem se dirigir aos bons alunos que, pelo nível de envolvimento, demonstram dar respostas mais rápidas, com menor grau de exigências. No entanto, os grupos de "alunos-problema" permanecem muitas vezes estigmatizados por tais professores, que tendem a reforçar o insucesso e outros mecanismos de exclusão. Na realidade, têm dificuldades de manter disciplina e uma rotina de trabalho que envolva os alunos, privilegiando as necessidades destes (inclusive dos chamados problemáticos) face às necessidades de cumprimento do programa, ou da aplicação de métodos aos quais a sua classe demonstra não se adaptar. Com uma menor capacidade de reflexão sobre suas ações, estes professores geralmente conseguem falar sobre as competências docentes, mas não aproximam a prática desse discurso.

Todavia, observa-se também alguns educadores cujas práticas são apontadas com destaque pelos colegas de profissão, pelos alunos, pelos pais de alunos e pelos gestores das instituições escolares às quais pertencem. Geralmente surpreendem por conseguirem reverter as expectativas de desempenho de uma turma ou grupo de alunos considerado, a princípio, sem grandes perspectivas de êxito. Mesmos os chamados alunos-problema demonstram atingir bons resultados, envolvendo-se nas tarefas diárias de sala de aula, construindo conhecimentos e participando mais do ambiente escolar. Tais professores tendem a lutar contra o fracasso escolar de seus alunos, a praticar metodologias mais ativas e criativas e a respeitar seus alunos enquanto sujeitos particulares, detentores de uma singularidade a ser explorada em sala de aula, por trazerem necessidades muitas vezes contrárias àquelas definidas previamente pelos *planos de curso* e conteúdos programáticos.

O que realmente distinguiria esses educadores que demonstram rigor e competência na prática cotidiana que efetivam? Tecnicamente são perspicazes, inovadores e criativos. Mostram-se sensíveis às manifestações dos alunos, exercendo um trabalho coerente, com intervenções muitas vezes precisas e perspicazes. Em suas classes conseguem desenvolver ainda mais aqueles que de alguma forma já possuem desempenhos satisfatórios, mas principalmente conseguem re-inserir aqueles que apesar de bom potencial são considerados indisciplinados, desafiando sempre as autoridades escolares, manipulando a sala de aula e desdenhando o conteúdo programático oferecido. Estes alunos respeitam diferentemente esses professores como legítimas autoridades. São reconhecidos também pela comunidade que os cerca e são apontados como referências pelos membros da instituição a que pertencem.

O relacional e o seu avesso

Encontramos na literatura da educação, seja nos *manuais de didática*, seja nos compêndios de *pedagogia geral*, ou seja, nas pesquisas sobre as ações de professores, um volume considerável de definições e caracterizações, em tons quase sempre ideais do que venha a ser um bom professor.[1] Resta-nos entender melhor o que faz um docente se tornar um professor de sucesso ou bem sucedido: que fatores influenciam as competências de suas condutas passíveis de serem observadas na prática pedagógica e no que escapa à própria pedagogia?

A educação, em seus estudos mais recentes, tem buscado cada vez mais respostas nas ações cotidianas de professores a fim de aproximar a prática da teoria sem que a primeira se subordine à segunda. Trata-se de um avanço, não há dúvida. Porém, a opção pela racionalidade e funcionalidade — que não deixa de indicar uma suturação significante —, também conferida aos interstícios

---

[1] Sobre a literatura acerca da prática de professores, consultar, por exemplo, Leif & Rustin, *Pedagogia Geral — Pelo estudos das doutrinas pedagógicas*, 1968; Reis e outros, *Introdução à Prática de Ensino*, 1968, como também Pullias & Yong, *A arte do magistério*, 1970.

destes estudos, mostra-nos o quanto a educação não "arredou pé" da tentativa de subordinar ao universo simbólico, ao campo dos significantes, ao "explicável" pela palavra o que é da ordem do irredutível, do residual, tão comum no universo da educação, nas relações que lhe são destinadas, cuja constituição traz sempre o inefável no qual o sujeito está.

Se não vejamos: podemos verificar que, segundo critérios metodológicos dos compêndios educacionais, o bom professor é considerado "criativo", pois tende a variar a forma de ensinar, sendo mais experimental que dogmático (Pullias & Young, 1970: 108-116). Acompanha, muitas vezes, o processo de aprendizagem do aluno, conseguindo prestar atenção individualizada, tendo boa noção de seqüência de dificuldades a ser desenvolvida em sua disciplina. Suas avaliações, segundo tais critérios, tendem a ser mais diagnósticas e menos persecutórias ou inquiridoras, pois avalia o que o aluno sabe e evitam "pegá-lo" no que ele não sabe, como se o sujeito-professor estivesse, no mínimo, isento, mantendo quase sempre um padrão ideal e funcional de acompanhamento do aprendizado do aluno.

Do ponto de vista da formação, o bom professor tende a pensar no fazer, ou seja, tende a refletir na ação. Analisa as manifestações de seus alunos, reflete sobre os fatos, compreende razões, reformula problemas suscitados e efetua experiências para testar sua nova hipótese a partir dos acontecimentos causados por tais manifestações, não separando, portanto, o pensar do fazer. Demonstra interesse em investir em seu ofício, buscando atualização contínua, evidenciando uma atitude mais reflexiva em relação ao seu fazer. Tende a investir em sua formação, conseguindo integrar o saber-teórico, o saber-fazer e o saber-ser. Ora, aqui o ser sabe. No entanto, somos solidários aos esforços de Freud em dizer ser o pensamento subordinado à divisão fundamental do sujeito. Logo, o ser não sabe tudo pela reflexão. O seu ato denuncia que um "falta-a-ser" o move.[2]

Já do ponto de vista relacional, a literatura da educação aponta que o bom professor demonstra gostar do que faz, revelando ser a sala de aula o seu ambiente predileto. Gosta de seus alunos, atuando de forma receptiva, afetiva, honesta, o que é passível de ser observado pelo grau e tipo de retorno que recebe dos estudantes. Parece acreditar no aluno, criando expectativas na maioria das vezes plausíveis sobre seu potencial.

No entanto, veremos também que os estudos sobre o aspecto relacional da prática pedagógica se mostram tímidos e pouco explorados, haja vista a ênfase dada aos aspectos metodológicos na literatura que aborda as características do bom professor, mas principalmente como tal literatura entende o que denominou de relacional: sua face somente positiva.

Devemos identificar quais são os fatores que propiciam o sucesso do trabalho docente, sempre determinado *a posteriori,* permeado pelas vivências institucionais, metodológicas, por sua fundamentação e formação teórica, mas, sobretudo pelo aspecto relacional na experiência cotidiana com os alunos. Entendemos relacional, por conseguinte, como a expressão que traz à tona o seu próprio avesso, ou seja, o que é da ordem de uma descontinuidade, de rupturas, de confrontos e de um gozo por haver estruturalmente a insatisfação do desejo. No campo da educação, professores, alunos são sujeitos falantes e falados, portanto, condicionados à linguagem, que possui sempre um caráter restaurador de uma imagem de completude jamais alcançável. O relacional, pois, diz respeito

---

[2] Sobre a expressão "falta-a-ser", ver Lacan, *Função e campo da palavra*, 1985. Voltaremos, ao longo do artigo, a discorrer sobre a mesma.

também à dispersão dos sujeitos confrontados uns com os outros. Lá onde o social fenece. Lá onde há o irredutível do desejo.

A educação é uma profissão relacional, com sugere Mireille Cifali (1982, 1987), portanto não há como privilegiar os aspectos metodológicos de cunho instrumental, a fim de dimensionar as características e as explicações do que seja um bom professor. No entanto, foi este o caminho tomado por boa parte dos estudos pedagógicos no decorrer do século vinte, marcado, sobretudo pelo cientificismo. Os aspectos relacionais da prática docente foram relativizados ou postos em segundo plano, porém, como acreditou Sigmund Freud (1976 [1914]), a aquisição de conhecimento depende estreitamente da relação do aluno com seus professores, ou seja, o caminho que leva à ciência passa pelo professor.

É Freud (1976 [1925, 1937]) também que coloca, ao lado da psicanálise e da política, a educação como profissão impossível, cujos resultados são de antemão insatisfatórios.[3] Na pedagogia, os insucessos são constitutivos, a formação não garante uma prática de êxitos, as particularidades estão sempre se manifestando, as contradições são difíceis de ultrapassar. Eis então, provavelmente, um dos aspectos que permitiu Freud inferir a idéia da educação com um ofício impossível, o que não quer dizer "irrealizável", como nos antecipa Maria Cristina Kupfer (1992: 59).

Como se faz notar, não trabalharemos aqui as investigações pela via da psicanálise sobre o bom professor, tentando sistematizar, aplicar ou ajustar os conceitos das teorias freudianas aos da educação como, sob influência da racionalidade instrumental, se tentou fazer ao longo do século.

---

[3] Em relação aos trabalhos de Freud sobre as profissões impossíveis e sobre a educação, ver a Edição Standard Brasileira das Obras Completas deste autor, 1976, volumes 13,19 e 23.

A educação sob a influência positivista

Sob a herança do positivismo do século dezenove, a educação sustentou as concepções de cunho técnico sobre as atividades profissionais do professor, sustentadas pelas idéias de que "o progresso humano seria uma decorrência do desenvolvimento científico, no sentido de criar tecnologias voltadas para o bem-estar da espécie humana" (Santos, 1991: 322). Ao longo do século vinte, tais concepções prevaleceram, passando-se a avaliar a ação docente à luz do conhecimento científico e das habilidades instrumentais. Com efeito, caracterizar e definir o "professor de sucesso" ou o "bom professor", leva-nos a rever também as concepções desse profissional segundo os pressupostos da racionalidade técnica que, fiel aos princípios científicos, tentou defender certa padronização no exercício de diferentes profissionais, incluindo também os educadores. Segundo esse princípio, "a atividade do profissional é sobretudo instrumental, dirigida para soluções de problemas mediante a aplicação rigorosa de teorias e técnicas científicas" (Gómez, 1992: 96).

Somos tentados a considerar que, nessa perspectiva, os diversos estudos sobre a ação do bom professor, uma vez subordinados a uma concepção instrumental e técnica da prática docente, privilegiaram sobretudo os aspectos didático-metodológicos. Em outras palavras, na busca de uma eficácia científica e de uma otimização da prática profissional do educador, acreditamos que houve uma viva tendência em se debruçar sobre os aspectos mais racionais da prática docente, a saber: os aspectos didático-metodológicos em detrimento dos aspectos relacionais reveladores de um avesso que é mais constitucional que casual. A perspectiva racionalista tratou sim de defender "a aplicação de conhecimento e do método científico à análise e à construção de regras que regulem a intervenção de professor". (GÓMEZ, 1992: 99).

Ao estudarmos as características do bom professor à luz da psicanálise, concordamos com vários autores quando afirmam que a racionalidade "tratou-se de uma resposta útil, mas simplista " (NÓVOA, 1992: 14); não é mais possível reduzir a "vida escolar" às dimensões racionais, ou seja, dito de uma maneira mais específica, não há como considerar possível reduzir a "profissão docente a um conjunto de competências e capacidades, realçando essencialmente a dimensão técnica da ação pedagógica". (NÓVOA, 1992: 15).

As concepções instrumentais parecem definir as ações do sujeito somente a partir de suas condutas mais racionais e eficientes, pautadas no conhecimento científico. Portanto, o que define as características, por exemplo, do bom professor, segundo tais concepções, são os atributos ensináveis definidos cientificamente, dos quais suas ações são decorrentes. A partir daí, cabe-nos perguntar quais são as características e definições do professor bem sucedido? Ou seja, do ponto de vista "científico", como poderíamos configurar um bom professor?

O discurso pedagógico, fundamentado em critérios metodológicos, demonstra ser generoso quanto ao volume de distinções, definições e caracterizações intrínsecas acerca do bom professor. Entretanto, vale ressaltar o caráter idealista do discurso pedagógico ao discorrer sobre a prática do educador (PERRENOUD, 1993). Assim, os obstáculos materiais, as relações hierárquicas, os conflitos e competições, os movimentos pulsionais, residuais, quanto ao ato do professor, são de certa forma maquiados pelo discurso pedagógico que, em seu tom idealista, não diz nada sobre o que constitui a realidade cotidiana da escola.[4] Por conseguinte, a prática do educador parece se situar entre o idealismo e o racionalismo presentes no discurso pedagógico. PERRENOUD vai mais longe ao dizer que inegavelmente a lógica desse discurso vai desde um realismo "conservador" a um idealismo "ingênuo". O realismo conservador seria calcado na representação de competências mínimas que permitem um cotidiano sem muitas surpresas, baseado na docência voltada para um aluno ideal e um razoável cumprimento do programa. A ênfase aqui seria dada ao conhecimento técnico. Em contrapartida, o idealismo ingênuo, em uma face reformista, acredita que um professor adaptado a sua função é, acima de tudo, um professor eficaz, militante e sonhador do ponto de vista das aprendizagens realizadas pelos alunos. A ênfase aqui seria dada a uma totalidade utópica, uma totalidade, sabemos, nunca alcançada, sempre idealizada.

As pesquisas de Marcel Postic[5] sobre a formação de professores analisam as definições e caracterizações do que venha a ser um bom professor e os critérios que definem suas competências. A investigação de POSTIC, sustentada pelas palavras de GUYOT (1967), afirma ser a qualidade do ato pedagógico medida pela qualidade de transmissão do seu saber. Logo, com aparente fé na racionalidade, preconiza:

---

[4] A respeito da linguagem metodológica e da didática no sentido tradicional, STEFFEN, FAVRE e PERRENOUD debatem consistentemente acerca do discurso pedagógico idealista: "o professor domina a sua aula, cobre o programa, gere o tempo, dá trabalhos de casa inteligentes, avalia eqüitativamente, respeita os insucessos, conhece os seus alunos, informa os pais... Trata-se de uma prática tão perfeita que muitos professores não se reconhecem nela." (PERRENOUD, 1993, p.106).

[5] Referente às investigações sobre formação de professores empreendidas e descritas em sua tese de doutoramento, reeditada em livro sob o título: *Observação e formação de professores*, ver POSTIC, 1979.

"Porque não definir o bom professor como aquele cuja transmissão é perfeita ou, pelo menos, apresenta um mínimo de degradação. Isto, repetimo-lo, implica, na nossa opinião, que a comunicação conserve um valor afetivo provavelmente essencial, ainda que dificilmente mensurável." (POSTIC, 1979: 31).

Em cuidadoso retorno à pesquisa de RYAN,[6] POSTIC descreve vinte e cinco características do bom professor que demonstram ser coerentes do ponto de vista das estratégias de ensino-aprendizagem, não deixando a mínima fenda para se pensar uma possível nova ordem do sujeito — não científica. Para o autor, o bom professor (ou o professor eficaz) deve possuir as seguintes características (POSTIC, 1979: 31):

1. vivo, entusiasta;
2. interessa-se pelos alunos e pelas atividades da aula;
3. alegre, otimista;
4. possui o domínio de si, não se perturba facilmente;
5. gosta de se divertir, tem o sentido do humor;
6. reconhece e admite os seus erros;
7. é honesto imparcial e objetivo no que respeita ao tratamento dos alunos;
8. é paciente;
9. revela compreensão e simpatia no seu trabalho com os alunos;
10. amistoso e cortês nas suas relações com os alunos;
11. ajuda os alunos nos seus problemas pessoais e escolares;
12. estimula o esforço e recompensa o trabalho bem feito;
13. reconhece os esforços dos alunos;
14. prevê as reações de outrem em contextos sociais;
15. encoraja os alunos a tentarem dar o seu melhor;
16. trabalho de turma bem organizado e metódico;

---

[6] Vasta investigação efetuada por David G. Ryan durante seis anos, na década de sessenta, junto a mais de seis mil professores e quase duas mil escolas. Ver POSTIC, 1979. p.62.

17. método flexível no enquadramento do plano;
18. vai ao encontro das necessidades de cada aluno;
19. estimula os alunos com a ajuda de materiais e de técnicas interessantes e originais;
20. demonstra e explica claramente de maneira prática;
21. dá diretivas clara e conscienciosamente;
22. encoraja os alunos a resolverem os seus problemas pessoais e a apreciar as suas realizações;
23. assegura a disciplina calma, digna e positivamente;
24. ajuda de bom grado; e
25. prevê e tenta resolver as dificuldades possíveis.

Sobre os aspectos relacionais (longe da noção do avesso ao qual nos referimos), as investigações de Postic, utilizando-se dos trabalhos de Ned A. Flanders (1967), discorre sobre alguns aspectos presentes nas interações entre professor e aluno. Dentre estes, poderíamos ressaltar que o bom professor:

1. aceita os sentimentos dos alunos;
2. faz elogios ou encoraja;
3. aceita ou utiliza as idéias dos alunos;
4. faz pergunta para que os alunos respondam e participem;
5. faz uma exposição *ex-cathedra*, com perguntas retóricas e exposição de suas próprias idéias; etc. (POSTIC, 1979: 81).

A longa e minuciosa investigação de Postic demonstra ter excessiva influência das teorias comportamentais e da explícita necessidade de estabelecer algumas prescrições acerca da ação docente. Uma visão técnica parece atravessar toda sua obra, deixando pouco espaço para discussões referentes aos aspectos e situações que, para além de qualquer modelo racional, são cotidianamente vivenciadas pelo professor. Esse, em maior ou menor grau de imprevisibilidade, necessita elaborar diagnósticos rápidos das situações, desenhar estratégias de intervenção e prever o curso futuro dos acontecimentos.

Isso diz respeito a uma prática que, por sua natureza específica, é constituída por sucessões de atos, superando muitas vezes a previsão linear e mecânica que o conhecimento técnico-científico possa definir para a ação docente.

Numa perspectiva mais rogeriana da ação pedagógica,[7] portanto enfatizando mais os aspectos afetivo-relacionais da prática docente (também longe do caráter residual que empregamos a esse termo), ainda que voltados para a busca do sucesso do ponto de vista didático-metodológico da aprendizagem, John M. Lembo, em sua obra, propõe um levantamento das causas das falhas dos professores, discorrendo sobre as "características do bom professor".[8] Segundo esse autor, o modelo básico de ensino sugere muitas das aptidões que o próprio professor deve possuir para promover as condições de aprendizagem adequadas. Assim, aponta quatro características (ou aptidões), a saber:

> "1. em virtude da sua capacidade de ouvir e aceitar, ele envolve os alunos num relacionamento franco e confiante;
>
> 2. tem a capacidade de empregar diferentemente diagnósticos, planejamentos, processos de auxílio e de avaliação e é consciente das limitações dos alunos;
>
> 3. mantém uma atitude geral de experimentação, na identificação e promoção de condições de aprendizagem; e
>
> 4. consegue olhar abertamente para as próprias convicções, sentimentos e atitudes, e encontrar meios de torná-los mais construtivos para si mesmo e para os outros."
> (Lembo, 1975: 87 et seq.).

---

[7] Naturalmente, nos referimos aqui às influências do pensamento do psicólogo Carl Rogers sobre grande parte dos trabalhos de educação nas décadas de sessenta e setenta, nos quais buscou-se, entre outras coisas, uma sistematização e uma racionalização dos aspectos relacionais da ação pedagógica.

[8] O autor propôs, ao levantar as características dos bons professores, apresentar algumas recomendações no sentido de melhorar a qualidade do ensino e da aprendizagem na escola. Ver Lembo, 1974.

Dessa maneira, o autor ousa afirmar que a "atenção" e a "simpatia" parecem ser a "condição fundamental e mais necessária" para se desenvolver um franco relacionamento entre o professor e o aluno.

Acreditamos que medir a competência do professor, tendo no horizonte tal conjunto de características, é apelar à onipotência. Tais exigências parecem conduzir-nos a um discurso idealista no qual a prática, do ponto de vista da linguagem pedagógica, mesmo sob esse tom humanista, torna-se prisioneira de uma ficção. Tudo isto parece dizer de uma prática tão ideal que o professor não se reconhece nela.

Termos como 'aferição', 'aproveitamento', 'objetivo', 'desempenho', 'precisão', 'procedimento', 'capacidade', 'aptidão', 'predisposição', 'modelo de ensino', 'aprendizagem adequada', 'hipótese', 'proposição' etc. não são economizados por Lembo para discorrer seu rosário de caracterizações do que venha ser o seu bom professor. Ao abusar desses termos e expressões, o autor nos permite inferir o quanto a racionalidade instrumental impregna o seu discurso, o quanto o conhecimento científico abstrato dos conceitos e regras subordina a prática das incertezas, divergências e conflitos, aspectos constitutivos do ato de educar.

Logo, sob o caráter cientificista da psicologia humanista,[9] o autor tenta buscar uma gramática geradora de regras que permita ao educador prever ou, na medida do possível, planejar sua ação com a racionalidade instrumental necessária, a despeito das imprevisibilidades cotidianas. Neste sentido, Lembo descreve uma série de situações de sala de aula que o bom professor deve ter sempre

---

[9] O humanismo enfatizou, sobretudo o caráter individual, centrado na pessoa que comumente passou a ser denominado de "psicologismo", marcando fortemente o pensamento pedagógico. Daí, encontrarmos em toda a obra de LEMBO um privilégio pela aprendizagem do aluno, único, individual e psicológico.

em mente. Exemplos: "se o aluno sofrer de angústia perante testes, então os resultados obtidos nos testes preparatórios podem induzir ao erro"; ou "se os ambientes são mais estruturados, então as crianças demasiadamente ansiosas e/ou demasiadamente compulsivas apresentam melhor desempenho". A dimensão técnica dessas contribuições parece ter seu ápice quando se afirma ser tarefa de um bom professor manter atitudes de experimentação, identificando as decisões dos docentes como hipóteses de trabalho. Para isso, estes deveriam evocar a argumentação da lógica formal na qual as proposições seriam do tipo *se-então*. Uma coisa nos parece evidente: somente o que é universal, ideal, subordinado ao método e à regra tem sua vez. Porém, em uma passagem de suas "Novas Conferências", Freud afirma que o educador jamais deixará de se defrontar com a constituição pulsional da criança — que por si só já é rebelde. Logo, tem-se que reconhecer a particularidade constitucional do educando e inferir que é "impossível que o método educativo possa ser uniformemente bom para todas as crianças" (FREUD, 1976. v.22, p.183).

Para além do positivismo

O caráter reduzido e incompleto da denominada racionalidade técnica levou vários autores a construírem alternativas acerca da prática docente e a realizarem estudos que privilegiam a ação pedagógica diante de situações problemáticas que, constitutivamente, denotam incertezas, instabilidades e complexidades, para as quais a abordagem positivista e unívoca da ciência tem uma utilidade muito limitada. Em uma visão mais abrangente, mas ainda mantendo o que denominamos o campo do significante, Donald A. Schön (1983) também enfatiza que a racionalidade é limitada para se abordar toda prática social e toda prática profissional que enfrenta problemas de natureza instável e complexa, o que não ocorre apenas com o educador. Entretanto sabemos que este profissional, mesmo se assegurando das mais excelentes técnicas e de um conjunto incontestável de competências, defronta com o insucesso e o fracasso, seja do aluno, seja da instituição que o acolhe, seja do sistema educacional. Trata-se de uma profissão cujo fracasso é constitutivo; logo um profissional como o professor, que lida com uma prática marcada pela incompletude, pela incerteza, não pode tratá-la por uma via meramente instrumental, susceptível de resolução a partir da aplicação de regras previstas pelo conhecimento científico.

> "Procuremos, em troca, uma epistemologia da prática, implícita nos processos intuitivos e artísticos de alguns profissionais que, de fato, levam a cabo em situações de incerteza, instabilidade, singularidade e conflito de valores" (GÓMEZ, 1992: 101).

Porém a prática a qual este autor, que relê Schön, refere-se é uma prática entendida mais como um processo de investigação do que como um contexto de aplicação do dualismo *teoria-prática* defendido pelo conhecimento científico. Trata-se de um processo de investigação na ação, no qual o professor, reflexivamente, experimenta as complexidades da sala de aula, interage com as situações divergentes, questiona suas próprias crenças e explicações, propõe alternativas, constrói uma realidade para além do planejamento formal. "O *pensamento prático* do professor não pode ser ensinado, mas pode ser aprendido. Aprende-se fazendo e refletindo *na* ação e *sobre* a ação" (GÓMEZ, 1992: 112 — os grifos são do autor).

Schön propõe, por sua vez, a aprendizagem a partir da incerteza e da confusão. É necessário ficar confuso para aprender. Logo, um professor prático — ou reflexivo — tem a tarefa de encorajar, reconhecer e mesmo dar valor à confusão de seus alunos, bem como encoraja e dá valor a sua própria confusão. Se o professor assume o lugar do saber e coloca a aluno no lugar de aprender, não haverá espaço legítimo para a confusão, pois seu saber tenderá a assumir o valor de verdade única (SCHÖN, 1992).

Eis um debate no próprio interior da racionalidade que interroga a própria racionalidade, o que decerto é um avanço. Avanço necessário, mas limitado, pois, a bem da verdade, o pensamento, nesta ótica, ganha ares de 'saída única' e tem valor de triunfo. A reflexão parece se assegurar contra toda e qualquer divisão ou descontinuidade, tão estrutural nas relações educacionais. Para tanto, se antecipa, torna possível o que é da ordem da impossibilidade.

A complexidade da prática supõe professores imersos nas lacunas constitucionais que os cercam, ou seja, nas instabilidades das instituições nas quais se subordinam, em grande parte por motivos de sobrevivência: as inter-relações com colegas que, não sem freqüência, resultam em conflitos políticos, em divergências de estratégias, em competições implícitas ou explícitas; e os limites de um sujeito sobre um outro que, na relação com o aluno, não deixa de trazer à tona suas próprias ambigüidades, suas resistências, suas defesas, seus conflitos de identidade que dizem respeito à particularidade do sujeito-professor que, em suas manifestações pulsionais, não pode racionalmente controlar, nem pode criar regras ideais de "conhecer a si mesmo" ou tornar um indivíduo capaz de ouvir, aceitar, compreender e dar respostas coerentes e honestas ao mundo a sua volta a partir de um autodomínio.

Contudo, como Schön, Perrenoud destaca a importância da reflexão sobre a prática, pois considera dessa forma ser possível o professor aprender a analisar a experiência e seu próprio funcionamento pessoal e profissional. "A reflexão sobre a própria prática é em si mesma um motor essencial de inovação" (1993: 186). Podemos inferir que para Perrenoud o bom professor seria aquele que agiria eficazmente em circunstância adversas da prática, pois, regularmente, em seus estudos, analisaria o que pensou, sentiu e fez, não para se julgar ou julgar a prática de um colega, mas para refletir sobre 'o que poderia ter feito'. A eficácia estaria justo nas possibilidades de analisar sua própria prática ou performance, de dominar um pouco mais seus impulsos ou sua hostilidade para com certas atitudes dos alunos, de rever sua indiferença perante algumas incertezas. Defende ainda, para um exercício profissional efetivo, uma experiência que consiga integrar o saber-teórico, o saber-fazer e o saber-ser. Mas o que são esses saberes? É possível saber saber, fazer ou ser? Haveria aí como considerar o lugar do sujeito que aqui se veste com o significante de professor? De que sujeito falamos? Falamos, enfim, de um

> "(...) sujeito que é constitutivamente heterogêneo, de uma incompletude fundante que mobiliza o desejo de completude, aproximando-o do outro, também incompleto por definição, com esperança de encontrar a fonte restauradora da totalidade nunca alcançada, construindo-se nas relações sociais entendidas estas como espaço de imposições, confrontos, desejos, paixões, retornos, imaginação e construções." (GERALDI, 1995).

Assim, a idéia do ser se contrapõe, ou melhor, não tolera a do sujeito, pois o ser é — é refletido, é pensado. E ao sujeito falta constitutivamente algo para que ele seja. O sujeito não se presta assim à ontologia, pois é marcado por essa divisão fundamental que faz emergir o inconsciente. Como afirma Lacan (1988), a hiância do inconsciente, poderíamos dizer é pré-ontológica e, neste sentido, o inconsciente não é nem ser, nem não-ser, mas é algo não-realizado.

O sujeito, esse proposto por Freud, é o sujeito do inconsciente que se manifesta antes da certeza, que está lá onde não se pensa. Por conseguinte, concordamos com

Fischer (1995) que o discurso do sujeito freudiano estaria sempre marcado pelo seu avesso, no caso, o inconsciente. Dividido, quebrado, descentrado, o sujeito se definiria por um inevitável embate com o outro que o habita. E, permanentemente, viveria a busca ilusória de tornar-se um. A linguagem seria a manifestação dessa busca, lugar em que o homem imagina construir e expor sua unidade. Assim o homem não é mais o "sujeito de sua própria história", capaz de transformar o mundo a partir da tomada de consciência — como se, percebendo a dominação, a força do outro, o sujeito pudesse lutar e chegar, talvez um dia, à condição paradisíaca e originária de sujeito uno, pleno de poder.

O "clínico"

Cifali (1991) propõe algo curioso como modelo para a prática educacional que é o *clínico*, que visa trazer uma parte dos conhecimentos teóricos como respostas às situações vividas. Assim tal processo clínico obriga o professor implicado em sua prática a refletir sobre a ação, compreender os fenômenos e a rever soluções.

Mas o que é esse modelo clínico? Para Perrenoud, que relê cuidadosamente Cifali, é um modelo de funcionamento intelectual, longe de transformar professores em psicólogos clínicos ou psicanalistas:

> "O 'clínico' é o que, perante uma situação problemática complexa, possui as regras e dispõe de meios teóricos e práticos para: a) avaliar a situação; b) pensar numa intervenção eficaz; c) pô-la em prática; d) avaliar sua eficácia aparente; e) 'corrigir a pontaria'. Ensinar não consiste em aplicar cegamente uma teoria nem a conformar-se com um modelo. É, antes de mais nada, resolver problemas, tomar decisões, agir em situação de incerteza e, muitas vezes, de emergência. Sem para tanto afundar no pragmatismo absoluto e em ações pontuais." (1993: 130).

Como acentuou esse autor, no cerne do modelo clínico é possível que encontremos o conflito. As questões de diversidades e descontinuidades parecem estar no horizonte de autores como Schön, Perrenoud e Cifali, que perceberam habilmente o quanto os fatores lacunares são constitutivos no processo de ensino-aprendizagem. O primeiro, como já salientamos, aborda tal processo como resultado do estado de "confusão". Só na confusão há aprendizagem, afirma. O segundo categoriza: "no ensino vive-se muito mal o conflito". (1993: 111). Pela via do conflito, não se trata de atacar o colega ou o aluno, nem colocar em xeque a sua competência; todavia permitir o conflito nas relações educacionais é permitir ocasiões nas quais se percebem as diversidades de cultura, as ambigüidades ideológicas, os modos de vida, os leques de interesses, as particularidades. Os choques culturais a que estão subordinados alunos e professores trazem à tona o conflito que não pode ser maquiado. Mascarar o conflito é mascarar o insucesso, seja do próprio professor, seja do aluno. E, concordamos, o insucesso numa profissão como a do educador é constitutivo, retratado, entre outras coisas, naqueles alunos estigmatizados que dizem de uma lacuna no sistema, de sua falta. Assim, não há como desconsiderar

> (...) o insucesso, o aborrecimento, a oposição, a indiferença de uma fração de alunos em relação à escola. Um professor lúcido sabe logo, quando recebe uma nova turma, que em relação a certos alunos não poderá fazer nada, ou que a sua ação será irrisória face à amplitude dos problemas intelectuais ou relacionais a resolver. Ensinar significa assumir por vezes um sentimento de insucesso parcial e em alguns domínios ou algumas salas, uma sensação de completa impotência. (Perrenoud, 1993: 112).

Portanto, dizer do conflito, da confusão, da incerteza, da diferença é anunciar uma falta constitutiva, uma não completude que marca a ação do educador em toda sua prática. O insucesso é portador também de uma outra ordem que não é só a da *certeza da* ordem esta que é denominada por Freud de pulsional. A pulsão (que nos remete à desordem do particular) parece ser negligenciada pela educação, ainda que esteja no coração de seu campo.

Os limites do avanço

Ainda que pela via do pensamento, a proposta desses autores que interrogam a influência positivista na educação é a de levar o professor tanto quanto possível a dominar melhor as situações, a compreender os modos de pensar e agir do outro, a se antecipar as suas próprias pulsões e ambivalências, a tomar uma maior consciência das heranças culturais e das apostas que subjazem as suas próprias estratégias enquanto professor. Aos bons professores ou aos "professores modelos", seria reservado, à medida do possível, este conjunto de competências, como aponta Perrenoud? Uma idéia parece lhe ser clara: o "professor modelo" é aquele sobre o qual se supõe garantir a aprendizagem, o desenvolvimento e a alegria dos alunos.

Autores como Cifali, Perrenoud, Schön, Gómez, dentre outros, no que se refere a uma investigação da prática docente e da formação profissional do professor, representaram, em suas defesas, um avanço patente, ao proporem novos modelos à educação, para além das influências do modelo da racionalidade técnica. Tais modelos aproximaram a prática da investigação, seja o *clínico* de Cifali, o *reflexivo-na-ação* de Schön, o da *racionalidade prática* de Gómez e outros.

Outro mérito desses autores reside no fato de insistirem na busca de referências teóricas da sociologia, da psicologia, da antropologia, da psicanálise e outras em benefício à educação. Portanto, sob este mosaico teórico, buscam realmente instrumentos para lidarem com uma prática que é menos uma aplicação do que uma investigação da realidade sempre descontínua, por começarem a pensar o sujeito em suas diversas posições, efeitos de sua própria divisão e ruptura.

Todavia, a despeito do avanço, devemos assinalar algumas possíveis ressalvas quanto aos aspectos levantados acima.

Em primeiro lugar, tais modelos, pela própria natureza do termo, não deixam de esboçar uma tendência idealista da prática pedagógica. A proposta desses autores é inovadora ao privilegiar os aspectos de descontinuidade do ato de educar. No entanto, somos inclinados a pensar que os modelos clínico ou reflexivo, apesar de permitirem um menor distanciamento entre o ideal e a prática, não rompem com o discurso pedagógico idealista. A própria idéia do termo "modelo" utilizada por aqueles autores corrobora os aspectos ideais do discurso da educação.

Vale ressaltar também, nesta ótica, a abordagem de Catherine Millot (1987), na qual considera que a educação deve ser situada na vertente do ideal. Utiliza os meios, a saber, o *ideal (de eu)* do sujeito — da teoria freudiana — e se propõe os mesmos fins: reforçar o *ideal (de eu)* do sujeito. Esse ideal se irrompe como o horizonte mais claro para se conceber a trajetória menos sujeita à ação do fracasso e da frustração das impossibilidades constitutivas. A educação o reanima, em seu tom moralista, a cada ação rebelde de uma turma problemática, a cada projeto escolar defendido, a cada esmorecimento cotidiano do aluno, a cada alegria adiada. Assim, ela reforça os ideais do sujeito e, a cada conquista se apóia no narcisismo desse educando, para garantir o empreendimento a que se arvora (superar e dominar as insatisfações pulsionais, residuais, frutos de impulsos e desejos inconscientes), oferecendo-lhe satisfações apenas provisórias. Chega-se ao máximo da racionalização, segundo Cifali, quando o professor, ao privar seu aluno de suas satisfações pulsionais, diz: "É para o seu bem!" Neste sentido, somos propensos a considerar o pensamento que defende a idéia de que o discurso pedagógico incita o ideal, inclusive pela via da moralidade.

Em segundo lugar, as incursões dos trabalhos de educação que buscam referências em alguns construtos teóricos da psicanálise mostram-se, em grande parte, pouco expressivas. Perrenoud, por exemplo, seguindo as linhas de Cifali, talvez seja dos que mais apontaram para uma possível leitura psicanalítica dos gestos profissionais do educador. Mesmo, no interior do modelo racionalista, autores, como Sara Pain,[10] parecem ter trabalhado exaustivamente no sentido de aproximar, ainda que pelos aspectos da cognição e da aprendizagem, a educação dos conceitos e matizes da psicanálise. Atinente, portanto, à ação do professor e, sobretudo à ação do bom professor, sob a luz da psicanálise, pode-se considerar estudos pouco explorados, nos quais as leituras se revelam muitas vezes incipientes. Talvez o principal motivo, ao nosso ver, seja que esses autores, mesmo buscando uma aproximação com a psicanálise, parecem negligenciar o coração mesmo da descoberta freudiana, insistentemente lembrada por Lacan, que é a divisão entre o gozo e o significante. De um lado, a particularidade, a hiância, a pulsão, o residual, a especificidade irredutível, a falta; do outro, a universalidade simbólica, a palavra, o significante, o ideal, a certeza, o pensamento. Mas esses autores parecem bem pressentir e até mesmo reconhecer o campo freudiano da pulsão, do gozo. Teorizam. Dizem sobre as ambigüidades, as descontinuidades que apontam para a impossibilidade preconizada por Freud. Porém, ao construírem uma tentativa de sistematização da prática sobre o olhar

---

[10] Ver, entre os trabalhos da autora, seus estudos sobre problemas da aprendizagem nos quais defende ser também o EU (Ego) freudiano uma das dimensões do processo de aprendizagem. PAIN, *Diagnóstico e tratamento dos problemas de aprendizagem*, 1981.

de tais ambigüidades, edificando "modelos", estabelecendo ideais reflexivos, parecem se afastar da própria intuição ou reconhecimento que descrevem acerca da pulsão e do gozo.

O que demonstram é que optam por solucionar o inefável da pulsão, sempre presente no interior das relações educacionais, via o campo do simbólico, dos significantes. É como se, ao se depararem com o impossível, tornam-no minimamente possível, condicionando ao universal dos ideais o que se apresenta sempre irredutível.

Um laboratório para o irredutível

Um notável trecho de Cifali:

"...uma das especificidades desta profissão reside no encontro com uma, com várias crianças, quer sejam de nossa carne quer não nos sejam nada, mas que nos olham num face a face inevitável. Aquele que suporta o ato de educar, alguns já o afirmaram, não se confrontaria apenas com a criança viva para a qual formula um projeto, mas também e, sobretudo com a criança recalcada que o inspira na maioria de suas reações. Quando usa meios que se lhe opõem, radicam mais do que ele crê nas suas próprias necessidades pulsionais, se bem que os justifique muitas vezes com racionalizações: é para o teu bem. Este laço educativo não estaria isento de projeções imaginárias, de ilusões e exageros; nele dominariam, soberanos, os impulsos inconscientes e os desejos insatisfeitos, uma história dissimulada que não pára de repetir-se, todas as falsas razões do amor e do ódio com todas as violências que não dizem seu nome." (1987: 128-129).

Educar — trata-se de uma profissão relacional. É preciso reconhecer que a relação também é feita também de seu avesso: de manipulação, sedução, infantilização, ajustes de conta com o passado de cada um e rejeição da responsabilidade pelo outro. O discurso pedagógico de cunho racionalista tratou os componentes relacionais como um valor positivo e funcional. Entretanto a realidade das relações é multiforme, joga com o inconsciente e com o conjunto dos esquemas de interação, construídos desde a mais tenra infância tanto por professores como por alunos (CIFALI, 1987). "Qualquer teoria da prática docente depende, num certo sentido, de uma aproximação psicanalítica, devido aos fortes componentes relacionais e afetivos da profissão, mas também à tensão entre um ideal de maestria, de integridade, de coerência e de competência e uma realidade concreta com nuances muito distintas." (PERRENOUD, 1993: 24). Dito de outra forma, devido à tensão entre o significante e a pulsão.

Uma profissão cujo aspecto relacional é considerável remete-nos a algo do impossível. Mas o que é uma profissão impossível, pergunta Perrenoud? É uma profissão cujo fracasso é constitutivo, seja do sistema, da instituição, como a escolar, seja do professor ou do aluno. É uma profissão na qual a formação não garante um desempenho elevado e regular dos gestos profissionais. Ao se trabalhar com sujeitos em suas particularidades, o sucesso nunca está assegurado, pois, afinal, nessa profissão se vive a ambigüidade, o desvio, a pulsão — essa que busca satisfação a qualquer custo e acima de qualquer moralidade —, pois esbarra nos limites da influência de um sujeito sobre um outro, das singularidades impossíveis de se desvelarem. O bom professor, como qualquer outro, encontra-se nesse embaraço de impossibilidades nas quais o resultado positivo e funcional deve conviver com fracassos e insucessos. A ele não é possível, assim, se reconhecer em uma prática perfeita e positiva.

A quem, então, passamos a chamar de "bom professor"? Certamente não mais aquele que fenomenologicamente dá prova de sua eficácia principalmente metodológica. Este pode possuir competências instrumentais, preocupar-se com a sua formação e gostar de sua profissão, porém pode igualmente ser "míope" e nem sequer supor a existência do inconsciente (seu e de cada aluno seu).

Este bom professor pode tentar conter as surpresas que as emergências dos aspectos relacionais trazem à tona, assegurando-se com as mais adequadas técnicas pedagógicas para evitar as descontinuidades, as rupturas causadas pelo avesso do sujeito que não pára de se inscrever e se repetir. Passamos a denominar de bom professor, portanto, aquele que, diante desse avesso que diz do inconsciente freudiano, não recua, mas também não insiste em técnicas vazias, não explica e não responde àquilo que não tem resposta apenas para aliviar o seu mal-estar, bem como o dos que estão a sua volta. Ora, e o que é o mal-estar senão aquilo que o desamparo nos causa? O estupor de não ter um nome que explique a coisa? Acreditamos que não recuar frente ao mal-estar é, ao invés de se posicionar enquanto dono do saber, fazer-se objeto para causar no aluno o seu desejo de saber, produzindo assim algo novo, ali, onde havia somente o sem sentido. Logo, o sentido do professor enquanto "sabe-tudo", aqui, não vale nada.

Para este que suporta o ato de educar, lhe é reservado um lugar de objeto na relação com o aluno, ato no qual a pedagogia inscreve seu traçado. Assim, acreditamos que, no instante em que suporta esse lugar de objeto — seja o objeto de crenças, valores, fantasias, identificações e idealizações —, ele causará no discente um movimento contínuo de retificação e reposicionamento subjetivo, de mover o seu desejo de saber, pois toda a ação do aluno passa pelo olhar do professor, no que tange às projeções do primeiro. Um comprometimento lhe será exigido. Não o comprometimento calcado em um contrato, ou em relações amistosas previstas no mundo da ordem e da regra. Mas o de suportar o lugar de objeto a ele destinado, para além do ato metodológico ou instrumental tão ao sabor da lei dos homens.

Na prática docente, há de se considerar que a intervenção do professor, na relação com o aluno, apresenta resultados que muito o ultrapassa. Logo, sua ação pode delimitar destinos, gerar lacunas, inclusive da implicação do aluno com o proposto pelo discurso pedagógico. O professor parece ser o único no complexo escolar capaz de convocar os diversos sujeitos a manifestarem suas particularidades e operar uma direção (de saber) necessária, sem por isso ter a garantia de êxito. Eis uma suposição lógica que entendemos escapar aos domínios da pedagogia, no que esta insiste na busca do sentido. Sabemos, contudo, que ao escapar ao domínio encontramo-nos não fora dele. O irredutível e o incôndito da ação da transferência na relação professor-aluno requer que criemos a centelha da transformação da própria pedagogia. Para além da ressonância semântica, há o campo da psicanálise no qual a pedagogia requer uma invenção.

A relação pedagógica, antes de qualquer dogmatismo, passa pelo viés da prática. Prática cujo espaço é textual, referência a uma escritura, sempre anterior ao escrito. O escrito convoca o sentido, o deslizamento simbólico que nos faz seres da comunicação formal. A escritura, de semântica vazia, é um talho na pedra, uma marca que pode ou não vir a significar algo, vir a fazer código, como nas cavernas. A relação entre os homens instaura-os no campo da comunicação, do decifrável e do dizível, mas também não se afasta do campo da pulsão, para além do sentido. Nem tudo aí é dito: a face opaca do *iceberg*. Nas relações, sujeitos causam ações em outros sujeitos; logo os primeiros podem se dessubjetivar e passar à posição de objetos de idealização, de identificação, de desejo.[11] A intersubjetividade sob este olhar é da ordem da ilusão. As relações se pautam, então, na ligação sujeito-objeto, mesmo que esses papéis se alternem.

---

[11] "Afinal, o eu é, em sua própria essência, sujeito; como pode ser transformado em objeto? Não há dúvida que pode sê-lo [...] O eu pode ser dividido; divide-se durante numerosas funções suas — pelo menos momentaneamente." (FREUD, *ESB*, 1976, v.22, p.76).

A relação pedagógica não se faz, pois, diferente. Nela reina a comunicação, os relatos de saberes, o testemunho da aplicação, a busca de uma verdade única, total e universal. É a clareza do sentido. Mas reina também o residual de sombras, o irredutível, o indomável, cuja lógica se furta ao universal e faz de professores e alunos seres estrangeiros entre si, fora da língua, invasores de territórios alheios, causadores de "mal-estar", segundo a proposição freudiana.

Eis um domínio, no interior da prática educacional, no qual a psicanálise poderá propor um laboratório para que a pedagogia se dê conta de um avesso que é intrínseco ao seu movimento. Freud, na sua descoberta, deparou-se com o insuficiente da lei e do código e nos alertou: eis o impossível, o impossível de tudo ser falado, de tudo entrar na cadeia da comunicação; se há o não falado, ele deve ser construído — âmago de sua descoberta. Por sua vez, tal construção só se dá pela fala (mais especificamente pelo discurso), no que esta reserva ao ouvinte seu semblante incomunicável, seu resíduo incomum. É importante seguir a trilha de Freud para propor algo novo à educação. Para esse laboratório, sua herança também nos será cara.

A psicanálise pretendeu se debruçar sobre a opacidade irredutível, sobre o gozo e a pulsão. Logo, manteve-se solitária ao propor subversivamente uma prática que arranque o homem do seu solo de sentido e o devolva ao seu hábitat mais íntimo: seu inconsciente e as mazelas de sua existência. Sobre este, Freud nos ensina:

> "denominamos de inconsciente um processo se somos obrigados a supor que ele está sendo ativado no *momento*, embora no *momento* não saibamos nada a seu respeito — e que o inferimos somente a partir de seus efeitos." (1976. v.22, p.90 — os grifos são do autor).

Dizer isso não representa uma apologia ao irracionalismo, não se trata de lançar a educação no puro *nonsense*.

Trata-se sim de esboçar uma teoria do conhecimento apta a admitir uma falta de acabamento estrutural da civilização e, portanto, da educação; a exigir uma construção, sempre em ato, antes da palavra, sobre as incompletudes inerentes às relações educacionais feitas de sombra e de luz ao mesmo tempo. Logo, o saber-fazer, o saber-teórico, o saber-ser tão buscado pelo pensamento pedagógico deve conviver com o inquietante destino da pulsão: o gozo.

A pulsão não se acha limitada pelo mundo da significação, corre a revelia deste. Ela é insubordinada e independe de um conhecimento anterior ou um pensamento. Daí, torna-se iminente que possamos inaugurar talvez uma nova posição epistemológica para a educação, partindo dessa opacidade irredutível. O professor, em suas relações cotidianas, tem sempre de se a ver com um rebotalho, com um não-saber-o-que-fazer-com-isso, que descentra suas certezas e, com isso, descentra as certezas também da pedagogia, deixando à margem o tom positivista que impregnou sua história recente.

Mestre, discurso e psicanálise

A psicanálise pode auxiliar a educação a perguntar o que é que se ensina, no sentido restrito do termo transmissão, cujo ato — ou saber em ato — não se coloca em retirada. O que a educação transmite? Será o saber? Será o desejo de saber?[12] Só se transmite ao não se identificar com o saber que é sempre do mestre. De um lado, o analista por não se identificar com esse lugar do mestre, não é senão mero objeto que faz o sujeito trabalhar na transferência. Por outro lado, na educação, também encontramos a

---

[12] Questões de Sônia Alberti apresentadas na brochura organizada com Vera Pollo para a 1ª Jornada do Núcleo de Pesquisa de Psicanálise e Educação — Escola Brasileira de Psicanálise, Rio de Janeiro, 1996.

transferência: talvez seja preciso que o professor tampouco se identifique com esse lugar do mestre "sabe-tudo", para que seu aluno possa querer saber a partir do que o causa nele próprio. Por mais genuíno que seja o desejo do educador, aponta Alberti, é do desejo do aluno que se trata quanto aos efeitos de sua empreitada, e este é de impossível previsão.

No entanto, a missão do professor, corroborada pela estrutura mesma da educação, parece ser a de assegurar a possibilidade de sujeição do aluno à sua figura enquanto mestre, também aqui evocada no lugar do ideal. A relação mestre-escravo é requerida para que a educação siga ilesa seus desígnios. Há um saber que, muito anterior à apropriação pelo mestre, o escravo o possui inexoravelmente, um saber em ato. O mestre opera uma dissociação, apossando-se do saber do escravo. Logo tanto um quanto o outro tornam-se imbricados entre si, dependentes do ato alheio. Porém a intersubjetividade é ilusória, pois não há aí o reconhecimento de dois desejos, mas apenas o do mestre que se afirma como o único sujeito a ser reconhecido pelo indivíduo reduzido à posição de escravo — que desqualifica o próprio reconhecimento. Um impasse no nível do imaginário se apresenta, possível apenas de ser solucionado ao nível simbólico. Metaforicamente, tanto o sujeito quanto o outro buscam o traço estrangeiro que lhes falta: o escravo busca no mestre o significante primeiro (s_1),[13] que possa dizer de si (avaliação); o mestre busca no escravo o domínio do saber-fazer (s_2), único que o possui. Ambos, no entanto, não se dominam por completo, excedendo sempre uma parte (mais-gozar) rebelde, responsável pelo não sucumbe de uma força pela outra. No universo escolar, em rápida associação, teríamos essa parte rebelde representada no fracasso

---

[13] Quanto às modalidades s_1, s_2 e *mais-gozar* colocadas aqui, ver nota 14, a seguir, sobre o *Discurso do Mestre* da teoria lacaniana dos quatro discursos.

escolar, na indisciplina desmedida e em todos os fenômenos que indicam uma falta estrutural do sistema, também espelhada na dimensão pulsional da relação pedagógica do professor-aluno. Ora, o aluno procura no professor o significante-mestre que possa revelá-lo, avaliá-lo: "você é um aluno de nível muito bom", ou "você é um aluno nota 8", mas que *a priori* é uma avaliação sempre faltosa, pois algo do aluno não é avaliável por não pertencer à lei. O professor apropria de todo saber e se afirma como único sujeito a ser reconhecido pelo aluno. Quem supostamente conhece o seu fazer é o aluno. Mas o docente, mestre, se arvora em anunciar sabedor do que o seu discípulo oferece. Não constrói, avalia. Não intui a exceção, cria axioma. Não permite o insensato, aferra-se ao método e a técnica — lei universal aceita como garantia. A psicanálise propõe, outrossim, estudos acerca dos discursos afirmando, sobretudo que o do mestre é o discurso por excelência. Entretanto, determina, não sem rigor, sua não completude, já que não há a mestria pura, sempre relativizada pelo saber particular do sujeito, seja ele o escravo, seja ele o aluno. Eis um embaraço no qual a educação e o educador se mostram anovelados.

Falemos um pouco sobre o discurso a fim de melhor entendermos a noção de sujeito enquanto posição, lugar, efeito da linguagem. CABAS (1982) nos lembra que Saussure perfila duas realidades possíveis de análise para o fenômeno de linguagem: a *língua* como estrutura de signos independentes do sujeito, universal, e a *fala* como exercício dessa estrutura por parte do sujeito. Ou seja, temos aí o social da língua *versus* o individual da fala. Lacan introduz uma noção intermediária que é a do *discurso*, influenciado pelo pensamento dos lingüistas. O discurso é um determinado grupo de fala decantado e sedimentado pela história, é a realização individual de todo social que há na língua. Sempre heterogêneo, o discurso está ligado a essa dispersão do sujeito, já que nos discursos sempre se fala de algum lugar, o qual não permanece idêntico: falo e, ao mesmo tempo, sou falado; enuncio individualmente, de forma concreta, constituindo-me provisoriamente um, ambicionando jamais cindir-me, porém a cada fala minha posiciono-me distintamente, porque estou falando ora de um lugar, ora de outro, e nesses lugares há interditos, lutas, modos de existir, dentro dos quais me situo, deixando-me ser falado e, ao mesmo tempo, afirmando de alguma forma minha integridade. Aliás, sem essa afirmação, meu texto se perderia na desordem e na ausência de fronteiras. (FISCHER, 1995).

O sujeito é constituído a partir dos efeitos do discurso, a partir das inter-relações sociais, do encontro de um sujeito com um outro, a produzir discursos, efeitos de atos individuais. Assim, um sujeito é constitutivamente heterogêneo, de uma incompletude fundante que mobiliza o desejo de completude, aproximando-o do outro na esperança de restaurar uma totalidade inatingível. Na produção discursiva, há algo que foge ao autocontrole funcional do "ego-eu", termo que é proposto por PERCHEUX (1990) em uma questão na qual se interroga se o sujeito seria aquele que surge por instantes, lá onde o "ego-eu" vacila. Aqui, a aproximação com a psicanálise demonstra ser inexorável. O discurso parece trazer à tona este lugar da subjetividade que é o da fala. Lugar que é indesejável para a ciência e para a objetividade.

O discurso é, assim, a organização da comunicação, sobretudo da linguagem específica das relações do sujeito com o outro, com os significantes e com o objeto, que são determinantes para o indivíduo e que regulam as formas do vínculo social. O sujeito não é o homem para a psicanálise, nem é o indivíduo que muda em função das peripécias da história (CHEMAMA, 1995). A busca, por conseguinte, do sujeito autônomo, ideal, senhor de seus atos e agente da história, à luz da psicanálise (e também por depender da linguagem, uma vez sendo efeito de discurso), pode se tornar um empreendimento utópico, pois a universalidade não sabe tudo. O discurso do sujeito sempre deixará um resto cuja verdade particular é meio-dita.[14]

Será necessário construir no território da educação um saber menos formal que empírico, menos programado que atuado. Um saber que conduza a uma verdade biográfica, cuja síntese vivifica um postulado ético,[15] o qual ressalta o axioma que Freud prediz em "Análise terminável e interminável" (1976, v.23), a saber: "o amor à verdade". Tal expressão é lançada, ao mesmo tempo que interroga sobre os três ofícios impossíveis: governar, educar e analisar. Ora, o que é a verdade senão, e sobretudo, a do sujeito? Há uma verdade universal, epistemológica, meta ideal inalcançável? O ato de educar, para quem o suporta, demonstra apontar para uma verdade residual, irredutível e particular. O bom professor, segundo nossa proposta, se faz operar pela via desse axioma e dessa subversão conceitual de verdade. Sua meta — ética — parece ser,

---

[14] Lacan (1991), na teoria dos quatros discursos, formaliza o *discurso do mestre*, designando o s_1 como o significante-mestre que "representaria o sujeito junto ao conjunto dos significantes s_2, designado como saber. O $\$$ é barrado, para indicar que não é o sujeito autônomo, mas determinado pelo significante, que tem 'barra' sobre ele. [...] Inexiste também acesso direto do sujeito ao objeto (*a*) de seu desejo." (CHEMAMA, 1995: 48). Essa estrutura tolera e, ao mesmo tempo, faz inferência acerca da constituição do sujeito como tal e das formas ordinárias do assujeitamento político, o que implica que os dois casos consistem na mesma operação.

s_1 (agente do discurso) ® s_2 (lugar do Outro)

$\$$ (verdade) *a* (produção)

Sendo: s_1 - significante-mestre, s_2 - saber, $\$$ - sujeito e *a* - objeto (mais-gozar).

O discurso do mestre é o discurso por excelência: um saber sobre tudo. "Mas se, em tese, o discurso de mestre não deixa nada de fora do mundo e assujeita à lei, ele provoca no outro algo que está além da lei. (JURANVILLE, 1987: 299).

[15] Falamos aqui do que concerne à ética do desejo, não à da moral, que Jacques Lacan se debruça em seu Seminário *A Ética da Psicanálise* (1988), atualizando a ousadia de Freud ao abordar o tema em seu *Mal Estar na Civilização* (1976. v.21), dentre outros textos.

então, esse inclinar sobre a verdade do aluno, o sujeito em questão. É um ato que o faz sem saber! Capacitar o professor para dominar o ato é uma ilusão, pois demonstra o impossível da formação. A gramática da formação será sempre insatisfatória, pois se trata de um ofício impossível cujo fracasso é constitucional, como o é para a psicanálise e para a política. São profissões que trabalham com sujeitos, com suas respectivas particularidades, sendo, portanto, onde a sociedade se desfaz. São profissões que evocam o ponto opaco da existência coletiva.

Sabemos que a intervenção do professor é dimensionada segundo os valores que a regem: a reprodução cultural, seu universo simbólico, seu valor social, sua influência histórica, e, em suma, as expectativas positivas ou negativas que deposita sobre seus alunos, influenciadas por todos os fatores acima e também por um fator inominável, difícil de o delimitar pela palavra, de valor não material e não pragmático, mas referente a um ato. Quando o docente exerce a ação pedagógica, não a exerce segundo somente a funcionalidade da técnica aprendida, nem apenas segundo o valor cultural que reproduz como produto institucional, mas a exerce como um substituto parcial da projeção do aluno. Algo silencioso, indeterminado, porém vigoroso. Em proposição, é como se admitisse que entre ele e o aluno ocorresse efeitos imprevistos pelo domínio da pedagogia, mas não fora desse domínio. São efeitos ressonantes não capturáveis; importantes, contudo, o suficiente para delimitar destinos. Eis provavelmente aí a deficiência do discurso: a não completude relevada, o pleno mascarado e a efêmera glória para quem acredita que o domina. Assim, uma pequena ação do educador, pode ter seqüelas inimagináveis, cujo saber formal está impossibilitado de antever, de predizer e de julgar *a priori*. Sua lógica é a do sentido, exilada, portanto, da lógica da escritura do inconsciente.

Conseqüentemente, o professor, em suas ações cotidianas, se depara com o impasse cuja formação provavelmente não lhe deu condições de antever. Por um lado, do ponto de vista social, as surpresas, as especificidades cotidianas, o conflito permite-nos tecer saberes, construir axiomas, dar sentido universal ao que se apresentou primeiramente como singular. Operação necessária. Por outro lado, do ponto de vista do sujeito, está o conflito no que se refere ao pulsional, que busca satisfação a qualquer custo, e ao desejo, sempre inconsciente e residual, motriz das ações do sujeito. Professores se submetem cotidianamente às situações cujas diversidades culturais, ideológicas, pulsões e desejos são patentes. Cada um tenta agir perante tais situações com uma precisão apenas o suficiente para sair delas sem muitos prejuízos. O prejuízo é um resto, um além da conta inevitável nas relações educacionais. Ele é algo que não se esperava, que escapou ao pensamento. É um *pré-juízo*.

O bom professor, este para além da fenomenologia, sem se dar conta — e é só por isso que o faz —, demonstra contar com prejuízos e, ao invés de oferecer como mestre uma resposta, um significante para lidar com as lacunas impostas por tais prejuízos, furta-se ao lugar de sabe-tudo e parece deixar que o aluno, suportando o mínimo de desamparo (que também é o seu), construa um saber seu e se coloque ali, onde era convocado apenas como objeto de manipulação, de projeção daquele que se diz ensinar. Retirar-se desse suposto lugar de tudo saber é suportar o desamparo fundamental do sujeito. É desembocar no nada que intimamente não se separa de cada um de nós.

Ilustremos. Um professor alfabetizador com boa formação e bom desempenho instrumental pode muito bem, evitando os prejuízos, fazer o seu aluno ler com fluência frases como "a casa é bonita". Daí, ele, o aluno, também a escreve: uma, duas, cinco vezes. Daí também ele pinta de várias cores uma casa desenhada em mimeógrafo pelo professor, com o espaço para se colocar a frase abaixo. Separa-a em sílabas. Faz associações com fonemas próximos. Explora as letras, os substantivos, o verbo etc. Incorrigível tecnicamente, racionalmente falando. No entanto, o sujeito está lá para além dos significantes. Bartolomeu C. de Queirós disse uma vez, para uma frase como esta, que "a casa é bonita" para um aluno é a que tem piscina, para o outro é a que tem dois carros na garagem, para o outro é a que tem tijolos, para o outro é a que tem pai e mãe, para o outro é a que tem porão onde se pode ficar só. Então, onde está o sujeito de "a casa é bonita"? Nas reticências da frase, nos intervalos dos significantes, no "resíduo incomum" (o termo é de Freud) que é estrangeiro às palavras contidas na frase. Porém, só através delas, dos significantes, é que se pode ter acesso a tal resíduo. Enfim, somente se pronunciando os significantes "a casa é bonita", o sujeito poderá advir.

O bom professor — dizendo sempre deste que pode escapar ao cerco das metodologias e aos fenômenos de competências — demonstra atuar aí, pois possivelmente experimentou-se no intervalo das palavras, teve seu próprio sujeito requerido em suas ações, passando a operar também nessa dimensão extragramatical. Reproduzir apenas o saber existente pode condenar o advento do sujeito. Logo, esse professor tende, em suas aulas, a explorar sempre o lugar do sujeito, além das idéias. Quando um aluno expõe um pensamento, tentando atender à demanda do seu professor como saldo inevitável da transferência, seu discurso não deixa de ter vacilos, equívocos, lapsos, apressamentos, camuflagens, reticências. O aluno enquanto sujeito só poderá construir algo de seu se for interrogado justo no lugar onde realmente poderá oferecer algo novo, um novo significante advindo de seu avesso. Quanto à idéia, o livro já a conhece, o professor já a conhece, o sistema também. Não vale a pena repetir.

Wo es war, soll ich werden[16]

Se tomarmos esse enunciado como pressuposto ético, não haverá como o professor se furtar a ele, uma vez lidando com tantos a sua volta, tantos sujeitos chamados a advirem. Por que considerar como ético tal pressuposto? Ora, porque não é de substância que Freud está falando, nos lembra Roza. "Não se trata da transformação ou substituição de uma substância por outra (o *isso* em *eu*)" (ROZA, 1984: 209). A máxima freudiana nos diz da posição do sujeito que deve advir de onde se desconhece, de suas sombras e resíduos, do *isso* que impele as suas pulsões. Logo, há, implícita nesse pressuposto, uma "exigência de verdade" que é desconhecida pelo *eu*. O *eu*, neste sentido, não é o ego enquanto descrição tópica ou substancial, mas é o sujeito do enunciado: ao mesmo tempo que enuncia se renuncia, saldo de uma divisão fundamental.

Um aluno, ao fazer um gesto obsceno às costas da professora, evocando o riso cúmplice dos colegas, o faz garantindo à pulsão o mínimo de satisfação. O enrubescimento imediato da professora ao lhe ser relatado o fato e o esquecimento da mesma em corrigir o dever-de-casa desse aluno garantem ao último um gozo, cujo aspecto relacional mostra o seu próprio avesso. Há também um gozo da professora em se oferecer, numa escolha forçada, como objeto para as investidas daquele que não quer mais adiar sua satisfação pulsional. Muitas interpretações são passíveis a partir do incidente: o aluno quer "chamar a atenção" do professor para si; faz isso por não ter tido um "berço" familiar adequado; o "meio social" de onde veio o influencia a atos dessa natureza etc. Porém, acreditamos que o aluno atua por uma exigência de gozo que precede a qualquer reflexão ou interpretação sobre a sua intenção. Toda explicação de caráter psicológico,

---

[16] "Lá onde isso era, eu devo advir." (FREUD, *ESB*, 1976. v.22, p.102).

social ou cultural tem seu valor inegável se a considerarmos como via pela qual a pulsão se movimenta para garantir, sempre parcialmente, o seu destino de gozo.

Então, frente à pulsão, que busca satisfação a qualquer custo, o bom professor parece não recuar. Demonstra exercer a função de tentar desvelar a manifestação pulsional, enfrentá-la e encaminhá-la com um menor princípio moral. Dentro dos seus limites, e até mesmo dos limites impostos pela educação, promove um *wo es war, soll ich werden* para que o aluno construa um saber sobre a sua posição enquanto sujeito do desejo alienado no seu ato. Não diz ao aluno suas interpretações pensadas *a priori* como: "parece que você quer me responder ao castigo que lhe dei ontem", ou "você quer fazer isso comigo porque é assim que trata os seus pais", ou "você faz isso porque acha que a escola é o ambiente onde mora" etc. O docente quer dar sentido e nomear todo o tempo do processo educacional — seja ele no momento de insubordinação, de aprendizagem ou de socialização —, há o momento em que se depara com o não saber, que falta, que não pode responder, para aí o aluno colocar algo de seu e construir um saber sobre o seu desejo de saber. A ação do professor que não recua diante desse desejo parece ter esta característica como essencial, pois esvazia seu lugar de mestre sabe tudo e permite que o ideal não seja tão imaginariamente sustentado. Segundo o princípio lacaniano do *falta-a-ser*, esse professor parece desejar operar pelo declínio do lugar do mestre frente ao avesso irredutível.

O educador pode operar pela via do sujeito do desejo, conforme teoriza a psicanálise? Obviamente ele não se torna um clínico, mas, de certa maneira, permite que seu aluno se implique ou se envolva com sua proposta de educação enquanto minimamente *desejante*, deixando a marca de sua particularidade em cada tarefa executada. Isso não ocorre com uma freqüência supostamente idealizável pela racionalidade, mas quando ou se ocorre — sempre sob o efeito da surpresa nunca planejada — o valor é alto. Alto o suficiente para que o professor não goze narcisicamente por ter feito uma boa ação para o aluno. Somente *a posteriori* ele poderá perceber os efeitos de seu ato.

Estamos convencidos de que não há modelo de formação ou de prática educacional que nos ensine a sermos bons professores. Ora, os significantes *bom* e *professor* parece ideologicamente legitimar os argumentos da funcionalidade e do discurso pedagógico idealista, pois o termo sugere intrinsecamente um certo juízo de valor e uma excelência instrumental na aplicação de atividades do magistério. Eis uma herança histórica por sugerir também a idéia de um profissional que sustenta um autodomínio capaz de prever os deslizes dos aspectos relacionais da sua profissão. Mas são só significantes que anunciam um sujeito que busca incessantemente um reconhecimento com os mesmos. Ser professor e ser bom pode representar justo uma renúncia às reticências, à dispersão na qual se deposita a pulsão — que não cessa de se inscrever e de se repetir. Como propomos anteriormente, o sujeito pode, em suas ações, também ser um bom professor sem necessariamente saber sê-lo, pelo menos *a priori*. A prática de bons professores não parece obedecer a algum modelo predeterminado, modelo este que domaria a pulsão. É possível, sim, encontrar professores cuja própria prática é instauradora de um modelo particular, novo e original.

A psicanálise nos possibilita amadurecer a concepção de homem e suas mazelas fundamentais, suas impossibilidades e seus escapes justo no campo das simbolizações. Isso nos impele a trabalhar a educação para além do que ela universaliza, mas do que evoca de singularidade em sua função. Cada professor, enquanto sujeito, requer que reinventemos aí a educação. Uma professora, por exemplo, pode levar seus alunos a criarem hábitos de higiene e comportamento, não só para o bem dos mesmos, ou porque ideologicamente retroalimenta um sistema que mantém valores e aliena os indivíduos etc., mas poderá fazê-lo, sobretudo por um ajuste de contas com o passado, por sua realidade de sombras de jamais querer ser denunciada por conduzir mal o seu trabalho e, aos olhos do outro, se manter incompleta, sem ao menos manter a única possível identidade que lhe cabe: a professora de alunos limpos e comportados. Portanto, que a educação, colaboradora eficaz para a manutenção da civilização, esteja apta a admitir e a suportar todos os seus destinos, inclusive o do gozo que não é civilizável. No seu coração mesmo, há um *isso* que será sempre "sem educação". Resta ao professor não tentar a toda prova condicioná-lo, pensá-lo, aprisioná-lo sob o cárcere da palavra, mas somente suportá-lo para fazê-lo advir tanto quanto possível.

Referências bibliográficas

CABAS, Godino. *Curso e discurso/da obra de Jacques Lacan*. São Paulo: Ed. Moraes, 1982.

CIFALI, Mireille. *Freud pédagogue? — psychanalyse et éducation*. Paris: Inter editions, 1982.

_____. "L'infini éducatif: mise en perspectives". In: *Les trois métiers impossibles*. Paris: Édition "les belles lettres", 1987 [1986].

_____. *Modèle clinique de formation professionnelle, apports des sciences humaines, théorisation d'une pratique*. Publicação da faculdade de psicologia e ciências da educação de Genebra, 1991.

CHEMAMA, Roland (Org.). *Dicionário de psicanálise*. Porto Alegre: Larousse — Artes Médicas, 1995.

FISCHER, Rosa M. B. A análise do discurso: para além de palavras e coisas. In: *Educação e Realidade*. n.20, jul./dez., p.18-37, 1995.

FREUD, S. *Análise terminável e interminável*. Rio de Janeiro: Imago, 1976. (Edição Standard Brasileira das Obras Psicológicas Completas de S. Freud, v.XXIII.).

FREUD, S. *Novas conferências introdutórias sobre Psicanálise*. Rio de Janeiro: Imago, 1976. (Edição Standard Brasileira das Obras Psicológicas Completas de S. Freud, v.XXII.).

_____. *Mal-estar na civilização*. Rio de Janeiro: Imago, 1970. (Edição Standard Brasileira das Obras Psicológicas Completas de S. Freud, v.XXI.).

_____. *Inibição, sintoma e angústia*. Rio de Janeiro: Imago, 1970. (Edição Standard Brasileira das Obras Psicológicas Completas de S. Freud, v.XX.).

_____. *Prefácio à juventude desorientada de August Aichorn*. Rio de Janeiro: Imago, 1970. (Edição Standard Brasileira das Obras Psicológicas Completas de S. Freud, v.XIX.).

_____. *Algumas reflexões sobre a psicologia de escolar*. Rio de Janeiro: Imago, 1970. (Edição Standard Brasileira das Obras Psicológicas Completas de S. Freud, v.XIII.).

GERALDI, João V. *Discurso e sujeito*. Texto para concurso de Prof.-Titular. Unicamp, Iel, 1995.

GÓMEZ, Angel P. "O pensamento prático do professor — a formação do professor como profissional reflexivo". In: NÓVOA, A. (Org.). *Os professores e a sua formação*. Lisboa: Dom Quixote, 1992.

JURANVILLE, Alain. *Lacan e a filosofia*. Rio de Janeiro: Jorge Zahar Ed., 1987.

KUPFER, Maria C. *Freud e a educação — o mestre do impossível*. São Paulo: Editora Scipione, 1992.

LACAN, J. *O seminário - 1 (Os escritos técnicos de Freud)*. Rio de Janeiro: Jorge Zahar Ed., 1979.

_____. *O seminário - 7 (A ética da psicanálise)*. Rio de Janeiro: Jorge Zahar Ed., 1988.

_____. *O seminário - 11 (Os quatro conceitos fundamentais da psicanálise)*. Rio de Janeiro: Jorge Zahar Ed., 1984.

_____. *O seminário - 17 (O avesso da psicanálise)*. Rio de Janeiro: Jorge Zahar Ed., 1991.

_____. "La direction de la cura e los princípios del su poder". In: LACAN, J. *Escritos*. México: Siglo Veitiuno, 1984.

_____. "Função e campo da palavra". In: LACAN, J. *Escritos*. São Paulo: Nova Fronteira, 1985. (Coleção Debates)

LEIF, J. e RUSTIN, G. *Pedagogia geral* — pelo estudo das doutrinas pedagógicas. São Paulo: Companhia Editora Nacional, 1968.

LEMBO, John M. *Por que falham os professores.* São Paulo: Editora Pedagógica e Universitária, 1975.

MILLOT, Catherine. *Freud antipedagogo.* São Paulo: Jorge Zahar Ed., 1987.

NÓVOA, Antônio. "Os professores e as histórias da sua vida". In: NÓVOA, A. (Org.). *Vidas de professores.* Portugal: Porto Editora, 1992.

PAIN, Sara. *Diagnóstico e tratamento dos problemas de aprendizagem.* Porto Alegre: Editora Artes Médicas, 1985.

PÊCHEUX, Michel. As condições de produção do discurso. In: GADET, F. e Hak, T. (Org.). *Por uma análise automática do discurso.* São Paulo: Editora da Unicamp, 1990.

PERRENOUD, Philippe. *Práticas pedagógicas, profissão docente e formação* — perspectivas sociológicas. Lisboa: Dom Quixote, 1993.

POSTIC, Marcel. *Observação e formação de professores.* Coimbra, Portugal: Livraria Almedina, 1979.

PULLIAS, Earl e YOUNG, James. *A arte do magistério.* Rio de Janeiro: Jorge Zahar Ed., 1970.

REIS, A., PASSOS, A. e outros. *Introdução à prática de ensino.* Rio de Janeiro: Ao Livro Técnico, 1968.

ROZA, Luiz A. G. *Freud e o inconsciente.* Rio de Janeiro: Jorge Zahar Ed., 1984.

SANTOS, Luciola L. C. Problemas e alternativas no campo da formação de professores. In: *Revista Bras. Pedagogia*, v.72, n.172, Brasília, 1991.

SAUSSURE, Ferdinand. *Curso de linguítica geral.* São Paulo: Cultrix, 1979.

SCHÖN, Donald. *The reflective practitioner.* New York: Basic Books, 1983.

_____. *Educating the reflective practitioner.* San Francisco e Londres: Jossey-Bass Publishers, 1987.

_____. "Formar professores como profissionais reflexivos". In: NÓVOA, A. (Org.). *Os professores e a sua formação.* Portugal: Dom Quixote, 1992.

De que sofrem as mulheres-professoras?

Margareth Diniz

Sabemos que o campo educacional, no mundo inteiro, é um espaço eminentemente ocupado por mulheres. Tomando a situação no Brasil, podemos afirmar que o ensino é um dos setores em que visivelmente as mulheres concentram-se; situação que começa a se desenhar desde os finais do século XIX e se torna evidente nas décadas seguintes, essencialmente no ensino primário.

A situação da mulher e sua inserção no magistério, principalmente o das séries iniciais, requer uma atenção tanto à questão da sua inserção na sociedade e na cultura, quanto à sua implicação na escolha dessa profissão. Assim, é preciso compreender os percalços da profissionalização do trabalho docente, operando enquanto uma dinâmica de classe e uma dinâmica de gênero. Diferentemente do que ocorre com outras profissões, o trabalho em educação escolar não se dissocia da expectativa de desempenho feminino no lar. Educar na escola pode ser visto como um prolongamento do educar os filhos e a (des)qualificação para o seu exercício passa a ser "inerente à natureza feminina".

Ideologicamente, a sociedade investe na naturalização desse processo, tentando fazer crer que a atribuição do espaço doméstico à mulher é uma conseqüência de sua capacidade de ser mãe. De certa forma, a escola ajudou a consagrar os tradicionais papéis femininos, objetivando formar uma jovem "ilustrada" que se libertasse pela cultura.

Porém, o destino da jovem seria o magistério primário público e/ou o lar, numa combinação harmoniosa de professora competente e de amorosa dona-de-casa, sem se descuidar das prendas domésticas, da etiqueta e da estética. De acordo com esse pensamento, é natural que a mulher se dedique aos afazeres domésticos, que ela dê a luz, como é natural que ela seja professora.

A partir dessas leituras, as pesquisas sobre magistério, ao tentar explicar o porquê da feminização desse campo, lança algumas explicações. Em uma delas, as mulheres-professoras aparecem como figuras que se fixaram à sua condição "natural" de esposa e mãe, fazendo, por isso, uma opção pelo magistério como possibilidade de conciliar-se com seus papéis. Dessa forma, ensinar seria apenas um desdobramento de uma atividade naturalmente praticada. O magistério seria um espaço para o aprimoramento do que essas mulheres já trazem como características naturais do seu ser feminino: o cuidado, o ensinamento e a lida em geral com as crianças.

Numa outra vertente, a posição que expressa certa passividade da mulher-professora é rechaçada. O magistério, considerado local de trabalho das mulheres, fez com que a própria ocupação se tornasse um campo fértil para outras lutas, nas quais as mulheres se politizaram. Esses esforços cotidianos empreendidos por mulheres-professoras para alterar as relações de trabalho, as relações de classe e de gênero ainda persistem, à medida que aquelas buscam se organizar em movimentos sindicais, partidários e feministas para manter conquistas significativas. Poderia acrescentar que, apesar do avanço de algumas conquistas, ainda estão longe de significar um terreno de igualdade de direitos, pois, considerando o viés da cidadania, fomos levados a pensar em ultrapassar a noção da igualdade de direitos, para atingir o direito à diferença.

Historicamente é possível compreender o que provocou o fenômeno da feminização do magistério analisando a forma de organização social, política e cultural do País. As mudanças econômicas e sociais estavam levando a uma lenta urbanização. O início da industrialização, com a conseqüente entrada de imigrantes, provocara a ampliação dos setores médios da sociedade. Essas mudanças políticas e sociais aumentaram e diversificaram as oportunidades de trabalho para os homens e apontaram para a necessidade de escolarização mais ampla da população. Assim, com o crescente afastamento dos homens da área educacional e a necessidade de expansão do ensino, coube às mulheres a função de ensinar. Essa expansão, somada às alterações sócio-político e econômicas e aos pressupostos teóricos de cunho bio-psicológico, acabou por atribuir (e ainda atribuem) à mulher as características essenciais à prática pedagógica, como sensibilidade, compreensão, afetividade, tomadas como constituidoras de uma natureza adequada ao magistério.

O magistério torna-se a profissão ideal para as moças de classe média, para as que precisam trabalhar e para aquelas que desejam estudar um pouco mais. Assim, se no período do Império inicia-se a tendência em considerar o magistério de primeiras letras como sendo adequado às mulheres — juntamente com as manifestações a favor da organização e do controle da profissão — essa corrente é fortalecida no período republicano e, nas primeiras décadas deste século, encontra seu apogeu.

Essas concepções, sem dúvida, influenciaram sobremaneira a entrada da mulher no mercado de trabalho. Nessa perspectiva que considera a proximidade do trabalho em educação com o fato da mulher ser mãe, o magistério é colocado na esfera do não trabalho, que é como se qualifica a atividade da dona de casa e mãe; a diferença é que o exercício da professora se dá na escola, na esfera do público e o da mãe no lar, ou seja, na esfera do privado.

Essa tendência tem reflexos nas questões salariais. De acordo com ENGUITA (1991),[1] a forte presença das mulheres no magistério tem levado a que elas recebam baixos salários devido a algumas concepções arraigadas na sociedade. A primeira é a idéia de que o salário da mulher é complementar ao do homem. A segunda é a visão de que o magistério é um emprego temporário para a mulher e mais flexível, por permitir o arranjo entre as tarefas domésticas e as profissionais.

Um outro aspecto que merece consideração, ao se tratar o magistério como campo feminino, é a "escolha profissional". Raramente pode-se falar em uma escolha dessa profissão. Os motivos conscientes que levam a mulher a ser professora são aqueles que se referem *"à falta de opção, por ser um curso mais fácil, porque é curso de mulher; é mais barato, não tem outro na cidade; por ideal e amor que reveste o trabalho do magistério, por trabalhar apenas meio horário e daí ser possível conciliar com a vida de casada"*. Essas falas demonstram que na maioria das vezes, a escolha está subordinada às contingências e condições socioeconômicas das professoras e dos seus familiares.

As mulheres-professoras não conseguem explicar motivos subjetivos para a escolha profissional, excluindo-se de uma posição que demonstre uma implicação do seu ser com o trabalho pedagógico; conseqüentemente, não constroem uma identidade profissional.

É intrigante o fato de que as leituras que se propõem a analisar o fenômeno da feminização do magistério não interroguem sobre a especificidade do ser mulher. O que haveria de singular na mulher que faz com que se encaminhe para essa função de ensinante? Haveria algo mais específico nesse campo de trabalho que atrairia as

---

[1] ENGUITA, Mariano F. A ambigüidade da docência: entre o profissionalismo e a proletarização. In: *Teoria e Educação*. Porto Alegre, n.4, p.41-61.1991.

mulheres de forma tão inquestionável? Para além das considerações econômicas, históricas e sociais, que justificam a presença tão significativa das mulheres nessa profissão, é importante considerar a dimensão do sujeito, perguntando à mulher o porquê da incorporação desse discurso.

Até o presente momento, essas questões que dizem respeito à especificidade do ser mulher não se constituíram em objeto de pesquisas no campo educacional. O que direciona as pesquisas sobre a mulher — as quais, sem dúvida, tiveram uma importância fundamental no cenário mundial e na luta das mulheres contra a sujeição, subordinação e marginalização, inclusive pela ciência — é a exploração de explicações que se baseiam em uma questão de aprendizagem, de educação ou de cultura.

Só recentemente, alguns educadores vêm enfatizando a necessidade de os(as) professores(as) refletirem sobre suas histórias pessoais, de maneira a reconhecer, nas trajetórias individuais, sua configuração profissional. Ou seja, pretende-se que o(a) professor(a), ao resgatar suas ações, suas posturas, suas opções, seus conflitos vividos ao longo da sua história, possam ter acesso ao processo por meio do qual se tornou o(a) professor(a) que é hoje, considerando aspectos profissionais e pessoais que se fundem e se confundem.

Porém, constata-se que a lógica da cultura ainda permanece um imperativo nessas pesquisas e estudos realizados. Nelas, as questões da subjetividade ainda se mostram bastante distantes de um maior aprofundamento. Mas é preciso interrogar as práticas sociais, os discursos e representações que têm sido tomados como verdade, e assim dar voz ao próprio sujeito. Faz-se necessário investigar os(as) próprios(as) professores(as) enquanto sujeitos e, especificamente aqui, a mulher-professora, priorizando uma análise que extrapole o viés sociocultural, procurando no discurso e nas ações cotidianas desses sujeitos respostas para suas escolhas, definições e posturas pedagógicas.

Para tal é importante considerar a possibilidade de realizar uma releitura desses saberes sócio-histórico-culturais já constituídos acerca da mulher, considerando o modo como determinadas representações culturais incidem sobre seus desejos, especialmente, como as mulheres aderem a esse discurso cultural.

Considerando que cada mulher-professora é objeto da cultura, sujeitada à massificação dos seus desejos, a possibilidade estaria na passagem de sua condição de indivíduo para a condição de sujeito. De um discurso em que a mulher fica numa posição de vítima diante de uma exigência social e cultural, ela passaria a sujeito que faria "furos" no artifício cultural, revendo as certezas que a constituem. A concepção que a teoria psicanalítica tem sobre a mulher faz um contraponto com as leituras apresentadas anteriormente, trazendo à tona as questões da subjetividade feminina.

A Psicanálise vai se ocupar de uma outra instância que se situa para além do aparente. Para LACAN (1988),[2] o sujeito não é mais o indivíduo; ele é este ser/estar — sujeito de, assujeitado ao inconsciente, que só conhece uma sociedade de palavras. Serge Cottet aponta para a questão significante: "o sujeito é o que está em jogo na relação analítica, enquanto relação de palavra, onde a verdade fala à revelia daquele que se pensa autor de seus propósitos. O sujeito como tal está na incerteza em razão de ser dividido pelo efeito da linguagem..."[3]

Considerando a subjetividade da mulher-professora, no campo educacional, o que se destaca é um profundo mal-estar destas que se manifesta cotidianamente em

---

[2] LACAN, Jacques. Abertura de Seminário, 10 de novembro de 1978, Sainte-Anne. In: OGILVIE, Bertrand. Lacan: *A formação do conceito de sujeito*. Jorge Zahar Ed., 1988. RJ.

[3] COTTET, Serge. Penso onde não sou, sou onde não penso. In: MILLER, Gérard. Jorge Zahar Ed., R.J. p.11-13.

suas queixas, dentre as quais: "*a falta de condições materiais para a execução do trabalho, a pequena oportunidade para capacitação profissional, a dificuldade em lidar com seus alunos, a questão salarial, questões com seus familiares, entre outras*". Mas a queixa que sobressai se refere principalmente ao aluno, à sua dificuldade em aprender e à sua indisciplina. A professora vive um sentimento de ambigüidade em relação ao aluno: por um lado, ele não corresponde à representação que se tem dele: calado, educado, disciplinado, submisso. Por outro, são tratados como 'filhos' que devem ser protegidos, formando assim, uma relação de dependência.

O discurso da queixa tem sido uma marca do discurso das mulheres-professoras, particularmente das que atuam nas séries iniciais, demonstrando que a sua relação com o trabalho pedagógico é bastante complexa, por vezes, insuportável. O mal-estar permanentemente manifesto, gera uma outra situação traduzida pelas constantes ausências das professoras ao trabalho, muitas vezes justificadas por atestados médicos.

É interessante notar que quando as mulheres-professoras recorrem aos médicos para se licenciarem do trabalho, as queixas que aparecem nos seus discursos são as mais variadas possíveis, passando por "*diarréia, pressão alta, vômito, dores na nuca, na cabeça, na coluna, nas costas, dormência nas mãos, irritabilidade, choro fácil, depressão, ansiedade, insônia, outros*". As diversas queixas expressas pelas professoras levam-me a pensar, por um lado, em quem escuta essas queixas — os médicos —, e por outro, no sujeito que as faz — a mulher-professora. A princípio, teríamos uma situação onde estariam postas em evidência duas subjetividades. Porém, o discurso médico exclui a subjetividade tanto daquele que enuncia como daquele que escuta, pretendendo manter a objetividade do cientista que, na verdade, suprime a subjetividade daquele que fala.

Alícia Fernández (1994:114)[4] também se refere ao discurso da queixa da professora tendo como função e significado a relação que se estabelece entre o trabalho doméstico e o trabalho docente. A queixa da dona de casa e a queixa da professora acabam por se tornar muito semelhantes. Para a primeira pode ter a função de "uma transação através da qual, por um lado denuncia um mal-estar e, por outro, confirma, através de sua postura resignada que nada mude..." Para a professora não será diferente, pois pode ser "uma transação, isto é, um sintoma que denuncia um aborrecimento e que, ao mesmo tempo, assegura que tudo siga tal como está..."

É importante notar, então, que a queixa se expressa no trabalho, no consultório médico, no dia-a-dia... Em nossa cultura, as mulheres encarnam esse estigma de "queixosas", como se isso fizesse parte da subjetividade feminina, associado à idéia de que "mulher fala demais", "fala pelos cotovelos", "é fofoqueira", etc. Enquanto permanecem no discurso da queixa, tornam-se impotentes e paralisadas diante de uma possível mudança de posição.

Para entendermos um pouco a questão do mal-estar do campo pedagógico, recorro a FREUD (1976:109),[5] para quem a palavra civilização "descreve a soma integral das realizações e regulamentos que distinguem nossas vidas das de nossos antepassados animais e que servem a dois intuitos, a saber: o de proteger os homens contra a natureza e o de ajustar os seus relacionamentos mútuos". No entanto, a civilização é construída, segundo ele, sobre a renúncia ao instinto, e essa desistência à satisfação de um instinto tem seu preço. Se o ser humano abre mão da satisfação de impulsos individuais pela vida mais segura

---

[4] FERNANDEZ, 1994.

[5] FREUD, 1976. v.XXI.

em comunidade, *lida todo o tempo* com a tensão advinda desse impasse. A isso Freud denomina "mal-estar na civilização", afirmando que esse mal-estar é inerente à condição humana.

Considerando que esse mal-estar é próprio da condição humana, e que, por conseguinte é inerente a cada sujeito, o que acontece no que tange ao trabalho, ou qualquer outra situação "institucionalizada", como o casamento, por exemplo, é que o homem passa a se relacionar mais diretamente com o outro, evidenciando-se assim duas ou mais "posições de mal-estar", o que pode ser gerador de conflitos, configurando a sensação de estranhamento, de infelicidade.

Se transpusermos essa análise para o campo educacional, poderíamos pensar que essa tensão, esse confronto de "posições de mal-estar" na escola não é benvinda. A educação busca apaziguar esse insuportável, não deixá-lo aparecer. Em relação à(ao) professora(or), percebe-se uma "evitação" desse confronto, escamoteando, por exemplo, as discussões que dizem respeito às minorias no interior das escolas: o homossexualismo, a raça, a religião, a própria subjetividade. Em relação ao aluno, basta que pensemos nas crianças "desviantes" em nossas escolas para confirmarmos essa afirmação. Mas a negação do mal-estar tem conseqüências. A instituição, quando sutura o mal-estar, transforma-se em fonte de mal-estar.

Parece-me que no cotidiano escolar há uma insatisfação generalizada por parte das mulheres-professoras, manifestando-se como uma "negação" das discussões inerentes ao espaço pedagógico propriamente dito, e uma supremacia do discurso da queixa.

Seria interessante precisar até que ponto a falta de identidade com o trabalho pedagógico não teria contribuído para que ele se tornasse esse espaço propício e propiciador da queixa, do discurso amoroso ou religioso e tão pouco valorizado, chegando a ser considerado não profissional.

Catherine Millot (1982)[6] retoma o pensamento de Freud dizendo que na relação pedagógica há um ideal a ser alcançado. O professor tem como tarefa ensinar, referenciado nos ideais pedagógicos de "domínio da criança e de seu desenvolvimento":

> "A idéia de que a pedagogia é uma questão de teoria, de doutrina, de que pode haver uma ciência da educação, se baseia na ilusão da possibilidade de domínio sobre os efeitos da relação do adulto com a criança."

A educação tem como premissa a transmissão do saber e o saber que (nós professoras) queremos transmitir, principalmente às crianças, é um saber fracassado, posto que este vem sempre de um ideal. A relação que a mulher professora estabelece com a tarefa de ensinar pressupõe que ela "imagina" ter um saber a transmitir. É com esse imaginário que ela se dirige à escola. Na medida em que fracassa esse ideal, resta o mal-estar. O mal-estar, por não poder se explicitar no cotidiano escolar, afetaria o sujeito retornando sob a forma de adoecimento. Adoece o sujeito, por não conseguir simbolizar o mal-estar, não conseguir transformá-lo em palavras. Aí, instaura-se um conflito. FREUD (1976: 445) faz uma observação sobre o conflito, que julgo pertinente:

> "...apaziguar um conflito construindo um sintoma é a solução mais conveniente e mais agradável para o princípio de prazer, pois poupa ao ego uma grande quantidade de trabalho interno que é sentido como penoso."

Esse insuportável no campo educacional se manifesta através de sintomas, tais como: alunos indisciplinados que não aprendem, e professoras desinteressadas que adoecem.

Na perspectiva psicanalítica, os processos psíquicos são em si próprios inconscientes. Freud, a partir da observação

---

[6] MILLOT, 1982.

de um caso clínico, concluiu que: "todos os sintomas demonstravam ter um significado, sendo que estes apareciam em lugar das ações não efetuadas". O sintoma seria, assim, não o sinal de uma doença, mas a expressão de um conflito inconsciente que muitas vezes se manifesta no corpo. Para a Psicanálise, o corpo se apresenta na dimensão do discurso, sendo também a condição de existência desse discurso. Na experiência histérica, o corpo se faz sintoma e esforça-se por dizer o que não pode ser dito.

Sabemos que, apesar das inúmeras queixas e dos sintomas apresentados pelas mulheres-professoras, estas permanecem no magistério. Daí ser necessário percorrer um outro caminho para entender a questão feminina.

Para falar da mulher é inevitável retornar a Freud. Ao criar a Psicanálise, Freud engendrou o conceito de inconsciente que pressupõe a emergência da linguagem, determinando o sujeito por meio de seus efeitos. Além disso, ele foi o primeiro pensador a tentar ultrapassar a visão da mulher e do feminino. FREUD (1976: 140) deixa transparecer em sua obra um embaraço especial ao tentar escrever sobre a identidade feminina: "Esta é uma tarefa difícil de cumprir". Considera a feminilidade um enigma: "Os homens em todos os tempos meditaram sobre o enigma da feminilidade".

É Freud que formula o problema da identificação sexual. Para ele a idéia fundamental é a de que a diferença sexual não é de anatomia, mas de sexos, "esse termo designado aqui para além da materialidade da carne, o órgão enquanto aprisionado na dialética do desejo e, dessa forma, "interpretado" pelo significante. Daí se afirmar ser o sexo uma metáfora, da ordem do simbólico", de acordo com ANDRÉ (1987).

Assim, a Psicanálise não se propõe a descrever a mulher, mas a indagar como ela se forma. O que constitui a feminilidade e a masculinidade foge ao alcance da anatomia. A partir da idéia de desconstrução da formação anátomo-biológica da mulher, em que o feminino e o masculino têm lugares definidos e fixos, abre-se outro espaço onde essas definições não têm lugar.

A passagem do estado de natureza ao de cultura não acontece harmonicamente, pois a cultura intervém na natureza para discipliná-la e regularizá-la. A entrada do sujeito na ordem simbólica, em desarmonia com a natureza, é paga com uma perda, uma falta que põe o sujeito a desejar. O Édipo é a operação proposta por Freud para ilustrar essa entrada do sujeito na ordem simbólica-rompimento com a natureza, inserção na cultura.

Tanto o menino quanto a menina têm como primeiro objeto de amor a mãe. O desejo da mãe, em seu duplo sentido, é que irá possibilitar a operação edípica, pois a lei de interdição do incesto faz a separação criança-mãe. Essa operação se dá de forma assimétrica no menino e na menina. O menino deverá renunciar à mãe e identificar-se ao pai, buscando aí o traço que o faz homem. O pênis é presença que mostra uma certeza imaginária de unidade e potência. Os meninos serão tomados da convicção de que todas as pessoas são dotadas de um órgão como o seu. A ameaça de perdê-lo põe o menino nessa renúncia através do Complexo de Castração. Já não se pode dizer o mesmo da menina, pois a constatação da diferença dos sexos determina o surgimento da inveja do pênis.

A menina, da mesma forma que o menino, deve renunciar à mãe, porém a dificuldade do tornar-se mulher resulta da impossibilidade de identificação feminina, pois ali onde algo não presente se encontra, resta um vão, uma pergunta: *O que é uma mulher?* Busca, então, identificação ao pai, mas aí fica um resto, não simbolizável, sem nomeação, que escapa à representação e, portanto, à ordem fálica. O processo é mais complicado, pois mesmo submetida à lei fálica — falo enquanto falta — a menina não se encontra em um traço de identificação propriamente feminino, pois não há representação do feminino no inconsciente. Desde Freud, a Psicanálise vê no falo o significante único para ambos os sexos, pois não existe inscrição psíquica de um significante do sexo feminino.

Da descoberta da castração surgem, segundo Freud, três linhas de desenvolvimento possíveis para a menina, ou seja, não lhe é dada uma feminilidade *a priori*. Ela há que buscá-la, há que se fazer mulher, marcando aí a feminilidade para além do biológico.

A primeira linha de desenvolvimento possível dirige-se a uma repulsa à sexualidade; insatisfação com o clitóris e abandono da atividade fálica, bem como da sexualidade em geral. A segunda linha é a modificação do caráter no sentido do complexo de masculinidade, ou seja, a menina apega-se à atividade clitoridiana e identifica-se a uma mãe fálica ou ao pai. A terceira linha seria a atitude realmente feminina, a qual não é amplamente esclarecida por Freud.

Lacan parte do impasse de Freud: o complexo de castração, pois a análise não ensina como ser homem para uma mulher e como ser mulher para um homem. Daí se dizer que a mulher "não é toda" — não é toda submetida à função fálica, não é toda submetida à castração.

A teoria psicanalítica da sexualidade feminina abre a questão do "tornar-se mulher". Essa expressão é captada em toda sua dimensão para além da representação. Há um resto sem nome, indizível, uma fenda, um buraco. Por não ser simbolizável esse resto, o propriamente feminino, não pode ser nomeado, mas produz efeitos. O "tornar-se mulher" implicaria estar às voltas com esse indizível, para além da busca de imagens em espelhos e vitrines. A moda encontra aí sua função de preocupação constante, e de realização efêmera. O penteado, as jóias, o vestido, o perfume são os adornos que margeiam o furo.

Marie Claire Boons (1992: 11) coloca essa problemática no espaço do gozo feminino tanto quanto no da maternidade e apresenta algumas questões sobre esse tema:

"O tornar-se mulher seria: um acesso ao amor? Ao gozo? À maternidade? A falta que desliza do estatuto do discurso para o corpo da mulher? A sexualidade feminina permanece no lugar de um buraco a preencher, a tapar, a amordaçar — com o pênis, com o bebê?"

LACAN (1988) assinala que o falo é justamente o limite às demandas do outro, é o simbólico. Nesse sentido, tanto a menina quanto o menino sofrem de uma falta que lhe permite o acesso ao humano — lugar mesmo de toda incompletude. A castração não pode ser pensada como algo que incide num corpo biológico, pois há um corpo imaginário anterior a ele. A castração tem a ver com o desejo e, desse modo, a menina a teme tanto quanto o menino; ela teme ser retirada de seu gozo, barrada em seu desejo.

Freud, ao aproximar-se da questão da feminilidade, começou a compreender um certo tipo de sofrimento — o histérico. A "histeria" foi considerada um distúrbio que estava ligado ao *hísteron*, útero. A histeria seria, para além de uma neurose, um modo de colocar a questão da feminilidade, que comporta em si uma falta, um buraco. A histeria é uma das respostas a esse buraco no significante.

O histérico, de acordo com NÁSIO (1991: 21), "é aquele que, sem ter conhecimento disso, impõe na relação afetiva com o outro a lógica doentia de sua fantasia inconsciente". A histeria é, antes de mais nada, o nome que damos ao laço e aos nós que o neurótico tece em sua relação com os outros a partir de suas fantasias. Os sintomas histéricos são a encarnação de uma fantasia inconsciente que serve à realização de um desejo. Uma fantasia em que ele desempenha o papel de vítima infeliz e constantemente insatisfeita. É esse estado de insatisfação que marca e domina toda a vida do neurótico histérico.

A mulher-professora em desvio de função por "transtorno mental"[7]

Atenho-me neste momento à questão do adoecimento mental das mulheres-professoras das séries iniciais. Considerando que o mal-estar, inerente à condição humana, é estendido ao campo pedagógico, as mulheres-professoras têm encontrado uma saída para lidar com este mal-estar: adoecem, entram em licença médica, e acabam por entrar em "desvio de função". O desvio funcional é um recurso legal, indicado pelo médico ao trabalhador, quando este, por acidente ou doença, torna-se inapto para exercer as atribuições específicas do seu cargo, sendo então remanejado para outras funções compatíveis com as limitações existentes. Essa situação de desvio de função é respaldada pelo discurso médico-institucional.

Percorrendo a literatura corrente que versa sobre a articulação saúde-trabalho, encontramos explicações que, na maioria das vezes, atribuem às condições de trabalho a causa para o adoecimento físico ou mental dos/as trabalhadores/as. Essa literatura geralmente faz uma associação entre os elementos da organização do trabalho e o adoecimento, assinalando que aspectos tais como: a divisão do trabalho, o conteúdo das tarefas, o ritmo, as relações de poder, a responsabilidade constituem-se em fontes laborais de tensão, provocando por sua vez sofrimento manifestado através de: fadiga, depressão, distúrbios psicossomáticos, síndromes neuróticas, alcoolismo etc. No campo educacional, os poucos estudos também apontam para essa relação linear entre trabalho e adoecimento.

Desde os anos 70, pesquisas nos Estados Unidos mostram a presença de um esgotamento profissional,

---

[7] Este título se refere ao meu trabalho de pesquisa de mestrado, realizado na Faculdade de Educação da UFMG, em setembro de 1997.

(*burn-out*) nos professores, explicado como sendo decorrente de problemas de adaptação ao trabalho, este, considerado *a priori*, como estressante. Nelas, o sujeito está colocado em segundo plano, ou apenas considerado em seus comportamentos e atitudes.

A partir de um certo "estranhamento" em atribuir às condições de trabalho, que de fato são muito precárias, a causa para o sofrimento psíquico, especialmente de mulheres, é que busquei investigar essa situação para além do aparente. Embora reconheça a importância desses estudos, percorri um caminho diferente, considerando os aspectos subjetivos, investigando mais de perto, a mulher-professora.

Algumas questões se apresentaram: as ausências ao trabalho, justificadas por adoecimento físico e mental, estariam funcionando como "saídas" que permitiriam à mulher-professora suportar o mal-estar do trabalho pedagógico? Essas "saídas" poderiam ser traduzidas como sintomas, entendendo que estes têm um sentido e se relacionam com as experiências vividas por esses sujeitos?

Na Rede Municipal de Ensino de Belo Horizonte, os dados do Departamento de Segurança e Medicina do Trabalho (DSMT-AD) indicam que os chamados "transtornos mentais", incluindo aí diversos diagnósticos (neuroses, psicoses, depressão, ansiedade, e outros) figuram como o segundo motivo para a concessão de licenças médicas aos educadores, representando aproximadamente 9,24% do total de laudos existentes. Essas licenças médicas sucessivas geram o chamado "desvio de função". De acordo com a Classificação Internacional de Doenças, em sua nona edição (CID-9), a maioria dos diagnósticos das professoras com "transtorno mental se localizavam em torno do código 300 (neurose histérica), com predominância da depressão como sintoma, atingindo essencialmente as mulheres.

Na perspectiva da análise dos discursos que perpassaram a análise desses dados, fez-se importante entender como o discurso psiquiátrico concebia a idéia da neurose histérica e a depressão neurótica, posto que a maioria dos diagnósticos apontam para essa designação. Além disso, o "veredicto" sobre os desvios de função partem da Instituição Médica.

Historicamente, até o surgimento da Psicanálise, os neurologistas não sabiam o que fazer do fator psíquico e não podiam entendê-lo. Conseqüentemente, não tinham qualquer abordagem para a neurose e, em particular, para a histeria.

Essa concepção não sofreu grandes alterações ao longo da história da psiquiatria, que herdou do discurso médico a intenção de manter a objetividade científica e excluir a subjetividade do sujeito. Os sintomas histéricos ainda são encarados como embustes e imposturas pelo discurso médico. Há uma visão de que o sofrimento histérico é um sofrimento "menor", sendo muitas vezes banalizado e desconsiderado. Dessa forma, as queixas das professoras aos médicos são apenas ouvidas, mas não escutadas, o que leva à prescrição de um alto índice de medicação, aplacando temporariamente a queixa que retorna sob a forma de um outro sintoma.

Numa tentativa de escutar as mulheres-professoras "laudistas", buscando compreender a dimensão da subjetividade e captar o emergente dos discursos das informantes, a escuta foi essencial como instrumento de trabalho, sendo propiciadora de reflexões, embora não possa defini-la como uma escuta propriamente clínica, mas que não perdeu de vista, nas falas, a emergência do sujeito através dos ditos e não-ditos de sua história. A escuta psicanalítica, contudo significou também uma dificuldade: não aplicar essa teoria à pedagogia, mas lançar questões que pudessem fazer furo em um saber já constituído.

No discurso médico, o aluno é o alvo de sua recomendação ao conceder o desvio de função: *"A professora não poderá exercer atividades que exijam contato com crianças em idade escolar"*. No entanto, elas não saem da escola, apenas saem da sala de aula e passam a exercer funções na secretaria, cantina ou outros, o que raramente faz com que cesse a busca das licenças médicas. Por que é proibido à professora exercer contato com o aluno, se não há por parte do discurso médico nenhuma interrogação sobre o trabalho exercido por essas professoras? Por que a professora concorda em sair da sala de aula, se chega a afirmar que gosta do seu trabalho e do contato com os alunos?

Na escuta dessa mulher-professora, buscando a dimensão da subjetividade e complementando os dados "objetivos" do prontuário médico, essa questão se apresenta como um paradoxo. Para a Psicanálise, a fala é o material que permite sua atuação enquanto um corpo de conhecimento que diz da constituição do sujeito humano. Porém, a fala não recobre a falta que é inerente à condição humana. Como apreender o inapreensível desse sujeito/ mulher através de sua fala?

O aluno, principal ponto de queixa no cotidiano escolar, ganha outro lugar no discurso da professora, quando esta se afasta da sala de aula: *"Eu não tinha nenhum problema com os alunos." "Eu gostava de ensinar, adorava alfabetizar"*. Mas em hipótese alguma cogitam a volta à sala de aula, com exceção de uma professora que diz *"após eu ter um filho, penso em voltar à sala de aula"*. O que põe em evidência a mistura dos papéis mãe-professora.

De certa forma, essa posição ambígua assumida pelas professoras em relação aos alunos dá margem para que o discurso médico aponte o *"ganho secundário"* da doença. Contraditoriamente, os mesmos motivos que levam a mulher a se interessar pelo Magistério são os que a fazem afastar-se dele. É como se o afastamento da regência, o não-envolvimento com os alunos, com crianças, fosse uma espécie de premiação... Afastar-se da sala de aula, por um tempo infinito, remeteria à vantagem obtida com a doença, como aponta Freud.

Freud, em um texto de 1910, "As perspectivas futuras da terapêutica analítica" (1970: 135), faz um alerta em relação à maneira como cada indivíduo lidará com seu sintoma, dizendo que:

> "...certo número de pessoas, ao defrontar-se em suas vidas, com conflitos que constataram muito difíceis de resolver, fogem para a neurose e desse modo, retiram da doença vantagem inequívoca, embora, com o tempo, acarrete bastante prejuízo."

Freud afirma que a prevenção ideal de enfermidades neuróticas que temos em mente não seria vantajosa para todos os indivíduos. Para ele, um bom número daqueles que hoje fogem para a enfermidade não suportariam o conflito, mas sucumbiriam rapidamente ou causariam prejuízo maior que a sua própria doença neurótica. Quando ele faz essa observação está chamando a atenção para o que chama de "vantagem da doença" ou "ganho secundário", pois ao considerar as misérias do mundo, muitas vezes a doença aparece como algo menos doloroso.

Na tentativa de estabelecer pontos comuns nos discursos das mulheres-professoras a partir das entrevistas, e buscar entender o porquê das professoras concordarem com o discurso médico em relação à sua recomendação, a princípio pareceu-me que os problemas que apresentam *extrapolam a sala de aula e a sua relação com os alunos*, pois, ao serem perguntadas sobre os motivos que ocasionaram o seu desvio de função, elas trazem à tona cenas que são um somatório de sua vida de *mulher-mãe-professora*, evidenciando o componente subjetivo e inseparável desses lugares que ocupam:

"Sempre trabalhei com alfabetização. Trabalhava com crianças de 12, 13 anos que não eram alfabetizadas. Quando tinha o direito de promover essas crianças, a diretora não deixou... Fui entrando em depressão, depressão, um dia vi o sol preto... gritava muito na escola... misericórdia, misericórdia..."

"Foi um choque que eu tive... Depois do acidente do meu namorado eu não consegui sair bem em sala de aula. A gente tinha planos de casar. Comecei a ficar nervosa demais, perdi a disciplina de classe. Aí fizeram reunião no Colegiado e decidiram que eu deveria ser afastada da sala de aula."

"O meu contato com os alunos foi péssimo. Não me adaptei. Os alunos iam armados de porrete, superagressivos. Eu comecei a misturar tudo... Tratava meus filhos como alunos e os alunos como filhos... fui ficando angustiada. Não comia, não dormia."

"Não fui aceita nas escolas. A minha fragilidade psíquica, junto com a incompreensão social. Eu acho normal essa incompreensão. Quando comecei a entrar em licença, os médicos da Junta ficaram pressionando, que eu estava faltando demais. A escola também pressionava. Quando eu voltava para a escola as pessoas me recebiam mal. Era um tipo de clima que não ajudava. A sala de aula nunca foi o problema; era a única coisa boa na minha vida; isso me gratificava. Com os adultos era difícil. As pessoas tinham medo de mim, porque eu tinha depressão. Também não acreditavam em mim, quando eu voltava de licença. Minha cara estava boa e não tinha nada para demonstrar que eu havia estado doente. A doença mental não é uma coisa concreta, "não pega". Aí chorava muito. Meu médico que deu força..."

Assim, não parece ser possível dissociar os projetos de vida que circundam a vida dessas mulheres: *casar, ser mãe e ser professora*.

Culturalmente, essa perspectiva está colocada e sempre haverá uma expectativa por parte da mulher e também da sociedade que essa prerrogativa se concretize. Para as mulheres, o casamento ainda é uma peça fundamental na construção da subjetividade feminina, ainda que implique numa renúncia a um potencial criativo que porventura possua, como indica Scott (1990):

"...fica estabelecido que, para as mulheres, as articulações com o mundo da rua se definem a partir da relação que mantém com o mundo da casa. Essas determinações integram a ideologia da feminilidade e, além disso, prescrevem que para toda mulher, o envolvimento com uma casa deve iniciar-se com o estabelecimento de uma relação conjugal mais ou menos estável. [...] Como esse universo se define pela repetitividade, sobra pouco espaço para que as mulheres possam extravazar seu potencial criativo."

Além dessa questão cultural que permeia o cotidiano feminino é importante ressaltar a idealização que a mulher faz ao buscar estabelecer uma relação afetiva. Há uma expectativa de que o outro preencha suas faltas, apazigue sua angústia de incompletude, e mais, que faça desaparecer as diferenças. Talvez por aí, a professora tenha se manifestado: *"não encontrei o parceiro ideal, só encontrei partidos."*

Já assinalei, neste trabalho, que a cultura trabalha no sentido de transformar a maternidade numa das únicas possibilidades de realização feminina. Assim, na cultura ocidental, as mulheres são educadas para se casarem, constituírem com o marido uma família, gerarem os filhos e criá-los. Por mais diferentes que sejam as origens de classe das mulheres, percebe-se que estas "absorvem" essa prerrogativa cultural e ainda constata-se que seu sonho é casar-se e ter filhos. É como se esse fosse o único caminho para a felicidade de acordo com os padrões da educação feminina. Em relação à maternidade há um forte discurso que afirma o dom natural da maternagem. A mulher, ao fazer escolha por não ter filhos, sente que não cumpriu o seu papel.

No campo educacional, são inúmeros os argumentos para justificar que é natural da mulher a vocação para cuidar de crianças. Nos depoimentos acima, podemos perceber que de fato esses discursos são incorporados pelas professoras: *"Nasci para dar aula, para mexer com educação". "Adoro criança..."*, não havendo brecha para que elas se perguntem de fato o porquê dessa "escolha". O termo "escolha"[8] sugere que seja necessário um ato do sujeito que não escapa impune na sua trajetória, pois os diferentes fatores históricos e constitucionais vão assumir seu sentido e o seu valor motivante a partir deste. Parece que não há por parte das mulheres-professoras uma implicação nessa "escolha". Assim, a sua relação com o aluno apresenta-se ambígua e misturada: mãe-professora.

Além disso, a relação professor-aluno é por si só mais complexa, considerando-se que envolve a subjetividade do aluno e a da professora. O que haveria de tão drástico nas relações professora-trabalho pedagógico, professora-aluno, mulher-criança que tem sido considerado a causa do adoecimento físico e mental das professoras no discurso médico?

A forma como essa professora lida com esse aluno está marcada de um lado por sua história de vida, sua concepção do que seja o trabalho pedagógico, somada às concepções de uma sociedade que ora o valoriza extremamente, ora o desvaloriza, ridicularizando-o. De outro lado, o olhar que dirige a esse aluno, que também comparece com sua subjetividade, sua história de vida, seus sonhos, suas fantasias, e que enquanto criança sofre do mesmo fenômeno social, sendo às vezes supervalorizada e às vezes negligenciada.

São essas representações[9] que irão determinar a relação que a professora estabelecerá com esse aluno. Por vezes ele lhe parecerá estranho, gerando sentimentos

---

[8] Cf. LAPLANCHE e PONTALIS. *Vocabulário da Psicanálise*. São Paulo: Martins Fontes, 1995. p.155.

[9] O termo representação definido por Ângela ARRUDA (1983:9), enquanto representação social, ressalta as dimensões particulares e subjetivas do sujeito. Apesar de construídas socialmente, essas dimensões trazem a marca da singularidade do indivíduo. Cada um tem sua maneira particular de se apropriar das idéias, crenças e valores, reelaborando-as e colocando-as em prática.

ambíguos que oscilam entre o amor e o ódio, provocando reações as mais diversas em ambos os sujeitos.

A partir deste entendimento, penso que não é possível apostar no desvio de função como suficiente para resolver os problemas das mulheres-professoras. Os casos em que os problemas persistem após o desvio de função (11 casos) superam aqueles em que se percebeu um resultado positivo nessa indicação (três casos). Estar em desvio de função não garante à mulher-professora livrar-se do mal-estar do trabalho pedagógico.

Concluindo, ao aparecer *uma falha* em qualquer um desses projetos de vida, idealizados pela mulher a saída pode ser o "enlouquecimento", ainda que histérico. Assim, parece que o mal-estar não está só localizado no trabalho pedagógico, há um mal-estar que perpassa a vida da mulher: ser mulher, ser mãe, ser professora... é um misto de "mal-estares".

De acordo com a Psicanálise, encontramos uma forma para lidar com esses mal-estares, qual seja: a saída pela neurose, aqui nomeada como histeria, que tem como característica fundamental manter o desejo insatisfeito. Por esse viés, talvez possamos entender, porque no magistério, em que há um número maciço de mulheres, prevalece o discurso da queixa. A "queixa das professoras" poderia ser entendida como constituinte do ser-mulher, dada a condição de seu desejo insatisfeito?

Apesar de tantas situações adversas, do discurso da queixa em relação aos alunos e aos baixos salários, do mal-estar do campo pedagógico, as mulheres permanecem no magistério, ainda que "adoecendo" como forma de suportá-lo. Parece que esse ainda é um lugar onde encontraremos muitas mulheres. Sendo assim, seria interessante interrogarmos os discursos prontos que explicam a permanência das mulheres no magistério, abrindo espaço para que cada mulher possa se perguntar sobre o desejo de estar ou não trabalhando como professora. É preciso que realmente ela descubra se trabalha por prazer, por obrigação, ou por pensar que não lhe resta outra saída. Do contrário, nenhuma reflexão poderá alterar a situação de frustração que se instaura no campo educacional.

Penso que o espaço educacional não deveria ser visto como um espaço de totalidade, onde todas as idealizações se realizam, mas um espaço de possibilidades. Vamos nos deparar cotidianamente com as falhas e as contradições em um movimento pulsional do sujeito que freqüenta um espaço coletivo. Atuar como profissional da educação, numa nova lógica, seria reconhecer que a escola não é a extensão do lar, a professora não é mãe, tampouco a tia, mas uma mulher com pertinência racial, de gênero e classe, portadora de cultura, mas também atravessada pelo inconsciente e pelo desejo. Nessa perspectiva, seria possível considerar o aluno sujeito também portador de diversidades.

À medida que não impedimos que a angústia, a dúvida, os problemas façam parte de nosso cotidiano, que eles possam ser ditos e discutidos, estaremos nos posicionando de forma diferente frente ao impossível da tarefa de educar sem, contudo, cairmos na impotência que nos paralisa. O que precisa mudar é a nossa posição diante do que está estabelecido e não o estabelecido. Assim, mudar o nosso olhar e a nossa escuta frente ao aluno real, às condições precárias de trabalho, ao serviço público... Com isso, temos a possibilidade de enfrentarmos menos insatisfatoriamente o mal-estar, e poderemos ressignificar nossa prática pedagógica que pode ser construída de forma criativa.

Dessa forma, estaremos contribuindo para estabelecer o espaço de saúde e não de doença. Nessa

---

[10] GARCIA, Célio. Saúde Mental e Psicanálise. In: *Fala Galba*, set. 1992.

perspectiva, Célio Garcia[10] trabalha com uma noção mais ampla de saúde, ao pensá-la e nomeá-la como "Saúde a ser inventada". Para ele:

"...aí há um sujeito que comparece e um pensamento da saúde. Esse sujeito age a partir da singularidade e não a partir de leis gerais, universais influenciadas pelos campos políticos ou da origem de classe social ou de uma vinculação a um partido político, por exemplo."

É preciso pensar na possibilidade que cada mulher-professora tem de "inventar sua saúde" no processo de trabalho pedagógico, na sua relação com o aluno e, por que não, em sua vida.

Referências bibliográficas

ANDRÉ, Marli E. D. A. Texto, Contexto e Significado: algumas questões na análise de dados qualitativos. *Cadernos de Pesquisa*, São Paulo, maio, 1983. (45).

ANDRÉ, Serge. "Tornar-se mulher". In: *O que quer uma mulher?* Rio de Janeiro: Jorge Zahar Ed., 1987.

BOONS, Marie-Claire. *Mulheres, Homens. Ensaios Psicanalíticos sobre a diferença sexual.* Rio de Janeiro: Relume Dumará, 1992.

COTTET, Serge. Penso onde não sou, sou onde não penso. In: MILLER, Gérard, *Lacan*, Rio de Janeiro: Jorge Zahar Ed. 1987.

_____. *Estudos Clínicos.* Transcrição 4. Publicação da Clínica Freudiana. Salvador. 1994. Rio de Janeiro.

ENGUITA, Mariano F. A ambigüidade da docência: entre o profissionalismo e a proletarização. In: *Teoria e Educação*, Porto Alegre, n 4, p.41-61. 1991.

FERNANDEZ, Alícia. *A mulher escondida na professora:* uma leitura psicopedagógica do ser mulher, da corporalidade e da aprendizagem. Porto Alegre: Artes Médicas, 1994.

FREUD, S. *Algumas reflexões sobre a psicologia do escolar.* Rio de Janeiro: Imago, 1976. (Edição Standard Brasileira das Obras Psicológicas Completas, v.XIII.).

FREUD, S. *O mal estar na civilização.* Rio de Janeiro: Imago, 1976. (Edição Standard Brasileira das Obras Psicológicas Completas, v.XXI.).

_____. *Psicologia de Grupo e Análise do Ego.* Rio de Janeiro: Imago, 1976. (Edição Standard Brasileira das Obras Psicológicas Completas, v.XVIII.).

_____. *A perda da realidade na neurose e na psicose.* Rio de Janeiro: Imago, 1976. (Edição Standard Brasileira das Obras Psicológicas Completas, v.XIX.).

_____. *Estudos sobre histeria.* Rio de Janeiro: Imago, 1976. (Edição Standard Brasileira das Obras Psicológicas Completas, v.V.).

_____. *O ego e o Id.* Rio de Janeiro: Imago, 1976. (Edição Standard Brasileira das Obras Psicológicas Completas, v.XIX.).

_____. *O inconsciente.* Rio de Janeiro: Imago, 1976. (Edição Standard Brasileira das Obras Psicológicas Completas, v.XIV.).

_____.*Conferências introdutórias sobre Psicanálise.* Rio de Janeiro: Imago, 1976. (Edição Standard Brasileira das Obras Psicológicas Completas, v.XVI.).

GARCIA, Célio. Saúde Mental e Psicanálise, In: *Fala Galba*, set.1992.

_____. Anotações. *Seminário proferido na Faculdade de Educação*, Belo Horizonte, maio, 1996.

LACAN, J. Função e campo da palavra e da linguagem em Psicanálise.(1953). In: *Escritos.* México: Siglo Veintiuno, 1984.

_____.La metáfora del sujeto. In: *Escritos.* México, Siglo Veintiuno, 1984.

_____. Os quatro conceitos fundamentais da Psicanálise. *Seminário. Livro 11.* Rio de Janeiro: Jorge Zahar Ed., 1985.

_____. O eu na teoria de Freud e na técnica da Psicanálise. *Seminário. Livro 2* (1954-55). Rio de Janeiro: Jorge Zahar Ed., 1987.

_____.O avesso da Psicanálise. *Seminário. Livro 17.* Rio de Janeiro: Jorge Zahar Ed. 1992

_____. Abertura de Seminário, 10 de novembro de 1978, Sainte-Anne. In: OGILVIE, Bertrand. *Lacan: A formação do conceito de sujeito.* Rio de Janeiro: Jorge Zahar Ed. 1988.

MILLOT, Catherine. É possível uma pedagogia analítica? In: *Freud antipedagogo.* Rio de Janeiro: Jorge Zahar Ed., 1982.

NASIO, Juan David. *A histeria.* Teoria e Clínica Psicanalítica. Rio de Janeiro: Jorge Zahar Ed., 1991.

OLGIVIE, Bertrand. *A formação do conceito de sujeito.* Rio de Janeiro: Jorge Zahar Ed., 1988.

SCOTT, Joane. Gênero: uma categoria útil de análise histórica. In: *Educação & Realidade*, Porto Alegre, n.16, p.5-22. jul/dez 1990.

SCOTT, P.R. O Homem na matrifocalidade: gênero, percepção e experiência do domínio doméstico. *Caderno de Pesquisa.* São Paulo, n.73. p.38-47, 1990.

Qualquer livro da Autêntica Editora
não encontrado nas livrarias pode ser
pedido por carta, fax, telefone ou pela Internet a:
Autêntica Editora
Rua Januária, 437 – Bairro Floresta
Belo Horizonte-MG – CEP: 31110-060
PABX: (0-XX-31) 3423 3022
e-mail: autentica@autenticaeditora.com.br

Visite a loja da Autêntica na Internet:
www.autenticaeditora.com.br
ou ligue gratuitamente para
0800-2831322

Este livro foi composto em tipologia Gatineau 11/13,5
e impresso em papel apergaminhado 75g.
na Sografe Editora e Gráfica Ltda.
Belo Horizonte, novembro de 2001